La France à ma table

Maurice Beaudoin

La France à ma table

PLON

www.plon.fr

92, avenue de France
75013 Paris
www.plon.fr www.lisez.com

Mise en pages : Graphic Hainaut
Dépôt légal : janvier 2023
ISBN : 978-2-259-31505-0
Dessin de couverture réalisé par Valentin Pasquier

À Catherine.

« Aussi longtemps que tu voudras,
nous dormirons ensemble »

Louis Aragon

Un pro, un vrai, un grand

Franz-Olivier Giesbert

S'il reste une célébrité dans le domaine de la gastronomie où il a longtemps chroniqué pour le bonheur des lecteurs du *Figaro Magazine* et, aujourd'hui, de ceux du magazine *Trois Etoiles*, Maurice Beaudoin n'est pas connu du grand public : il s'est toujours arrangé pour être celui qui ne figurait pas sur la photo.

C'est pourtant l'un des plus grands hommes de presse – et je pèse mes mots – avec qui j'ai eu la chance de travailler. Un patron, un concepteur, un chef d'orchestre avec au minimum soixante idées à la minute. Un cador, on vous dit. Avec ça, toujours de bonne humeur, même quand le ciel lui tombait sur la tête.

C'est lui qui, avec Robert Hersant, a conçu *Le Figaro Magazine.* Les deux compères ont mis au point la maquette de l'hebdomadaire, à quatre pattes, sur le parquet de l'appartement du premier. Ils ont aussi échafaudé de conserve cette formule géniale et indémodable qui a tout de suite marché : « Un non-journal pour des non-lecteurs ». Je ne vous parlerai pas des autres titres qu'il a «pensés» comme *TV Magazine,* voire retapés ou «rafraîchis», la liste serait trop longue. Maurice Beaudoin a la presse dans le sang. C'est à se demander si de l'encre d'imprimerie ne coule pas dans ses veines.

Souvent précédé par un rire rabelaisien, il n'a pas changé depuis trente ans que je le connais. Toujours élégant, la cravate chamarrée, la pochette généreuse, il n'hésite jamais à mettre les mains dans le cambouis. Françoise Giroud avait défini le journalisme comme une forme d'artisanat. Tout directeur général qu'il fut pendant plus de trois décennies, il n'hésitait pas à descendre à la maquette pour bricoler une légende, recadrer une photo, refaire un sous-titre. Rien à voir avec les peigne-culs qui prétendent diriger des rédactions de leur bureau sans jamais descendre dans les soutes. Maurice Beaudoin connaît tous les métiers qui font les journaux.

S'il a surpassé tant de ses confrères, c'est aussi à cause de sa curiosité sans limite. J'ai rarement vu une telle passion devant l'événement. Tout au long de sa carrière, il aura été une incarnation vivante d'une formule que Robert Hersant citait tout le temps. Le magnat canado-britannique de la presse, Lord Beaverbrook, l'avait fait placarder dans les salles de rédaction de ses journaux comme le *Daily Mail* : «Faites comme si le monde avait été créé ce matin».

Outre sa capacité à s'emballer pour un sujet ou une information, Maurice Beaudoin aura toujours eu, de surcroît, la particularité de cumuler deux qualités que l'on rencontre rarement, a fortiori ensemble, dans le monde de la presse : la discrétion et la bienveillance. D'abord, n'étant pas affligé d'une protubérance de l'égo, la maladie de tant de patrons de presse, il ne se pousse pas du col et ne recherche pas la reconnaissance. Ensuite, il est à l'écrit comme dans la vie : affable, voire débonnaire, mais sans complaisance. Par exemple, il déteste assassiner les mauvais restaurants. Il préfère les zapper.

Quand je travaillais avec Maurice Beaudoin au *Figaro Magazine*, sous le regard amical de Cyrille Duval avec lequel nous formions un joyeux trio, je me souviens qu'il finissait mes phrases et que je continuais les siennes. Parce que c'était lui, parce que c'était moi. Si, aujourd'hui, j'ai un regret, c'est de n'avoir travaillé que trois ans avec lui mais ce furent trois ans de bonheur pur auprès d'un vrai et d'un grand «pro» qui m'a beaucoup appris.

I

De la plume à la fourchette

Je suis devenu un nom dans l'univers de la restauration. Pas derrière les fourneaux, où je ne me suis risqué qu'un soir de réveillon du 31 décembre pour mes parents et mes sœurs. Ce fut très bon, mais aussi très, très long. Je manquais de place et de commis…

Je suis devenu un nom dans l'univers de la restauration parce que, fin 1978, dès le premier numéro du *Figaro Magazine*, Robert Hersant avait imposé une chronique « Restaurant ». Le chroniqueur : Pierre Mazars, chef de la rubrique « Art du Figaro », ancien directeur du *Figaro Littéraire.* Ce colosse, fin érudit, bien élevé, propriétaire d'un manoir en Périgord et d'une impressionnante collection de tableaux de maître, me considérait vraiment comme son patron. Il est vrai que j'étais directeur exécutif du *Figaro Magazine.* Il me rendait compte de son activité et avait imposé un déjeuner par mois en ma compagnie. J'étais plutôt gêné qu'il me demande conseil, avec l'expérience qu'il avait accumulée.

Deux ans après le lancement du *Figaro Magazine*, nous déjeunons dans le restaurant du Père Billaud, boulevard Pereire. Nous buvons une coupe de Bouzy au comptoir et commandons entrée, plat, dessert. Pierre arrive en retard et j'ai des rendez-vous tout l'après-midi. Je consulte ma montre plusieurs fois. Pierre, tranquille, heureux, se régale. Il a le temps et pas l'intention de retourner au *Figaro* après le déjeuner. Le repas se termine. Je vais me lever, quand il me dit : « Maurice, je suis ennuyé. Il y a deux plats que j'aurais voulu goûter… » Nous avions pris le café, mais je capitule. Et nous voilà repartis pour avaler des tripes à l'ancienne et le lapin de la mère Billaud (la mère du restaurateur). Deux spécialités de la maison…

Nous partons enfin. Je propose à Pierre Mazars de le ramener chez lui en voiture. Il habite près de la rue de la Convention. Il refuse : « Ne vous retardez pas. Merci de me laisser au métro Alma-Marceau. »

Je dépose Pierre. Je ne l'ai jamais revu. Il est mort dans la nuit qui a suivi.

Hersant m'appelle le lendemain matin. Il appréciait Pierre Mazars, qui l'avait soutenu dans les moments difficiles du rachat du *Figaro*. « La rubrique ne doit pas s'arrêter, insiste-t-il. Parlez du dernier restaurant de Mazars, en combinant un texte pour lui rendre hommage. »

Les semaines suivantes, je cherche un remplaçant. Je veux un écrivain. Je comprends vite le problème d'ego qui va suivre et je veux garder le contrôle. En attendant, je continue la rubrique, signant « intérim ».

Deux mois plus tard, le patron me convoque : « Après tout, pourquoi ne continueriez-vous pas ? » Et ça fait quarante ans que ça dure…

* * *

Au fil des années, je suis devenu l'ami fidèle des deux meilleurs cuisiniers du monde : Joël Robuchon et Alain Ducasse.

Joël a été mon ami très cher. Lorsque Robuchon a lancé son Atelier Saint-Germain, rue de Montalembert, c'est moi qui ai choisi les desserts de la carte, en éliminant tout ce que je n'aimais pas.

J'aimais beaucoup Joël et Joël me le rendait bien.

Plusieurs fois, il m'a répété : « Toi, tu es un franc-maçon sans tablier. » Il savait que j'étais trop épris de liberté pour me faire embrigader dans une institution, quelle qu'elle soit. D'ailleurs, il n'a jamais tenté de me recruter.

Tout au long de sa vie, nous ne nous sommes jamais lâchés. J'étais allé dîner une ou deux fois à l'hôtel japonais Nikko, sur les quais de Seine, près de l'actuel quartier Beaugrenelle, deux étoiles. Je ne connaissais pas le chef. C'est mon ami Jean-Paul Claude, rencontré au Sofitel Marrakech, dont il était, à ce moment-là, directeur général, qui m'avait invité la première fois dans le restaurant que Joël venait d'ouvrir rue de Longchamp, l'ancien Jamin (nom de son fondateur) dans le 16e arrondissement, où il obtint trois étoiles.

Jean-Paul avait fait le menu : toutes les réussites du jeune chef. Jamais vu, jamais goûté ailleurs. Un étonnement intégral. Bien sûr, j'avais dégusté son plat devenu mythique : la gelée de caviar à la crème de chou-fleur. « C'est un des plats qui a fait ma renommée, m'a plus tard expliqué le chef. Les saveurs du caviar et du chou-fleur sont embellies par une gelée de homard. La complexité du plat reste dissimulée au regard. »

Le génie est là. Au bout du boulot, de beaucoup de boulot. D'un coup, l'éclair jaillit. Un petit truc donne le déclic. Si Robuchon avait mêlé au caviar un légume plus noble que le chou-fleur, son plat mythique n'aurait sûrement pas marché. Par contre, le blanc de poularde de Bresse sauce Albuféra d'Alain Ducasse, c'est le triomphe de la qualité et de la technique. Et du tour de main, car personne n'est parvenu à réussir ce plat comme lui.

Avouons-le ! Il faut aimer la découverte, les mélanges insensés, être à l'affût, lorsqu'on goûte cette composition osée pour la première fois. On peut détester ce mélange de noblesse, le caviar, et ce légume ordinaire, le chou-fleur, qui pousse aidé d'engrais peu ragoûtants. D'abord, c'est vraiment étrange, ensuite, on s'interroge, enfin, on en redemande…

Aujourd'hui, à l'Atelier Étoile de Joël Robuchon, à Paris, son collaborateur le plus proche, celui qui l'a accompagné à travers le monde, Éric Bouchenoire, directeur de l'endroit, a inscrit le plat fameux à la carte. Le génie de Robuchon, inventeur discret et passionné, peut donc venir encore envahir votre palais.

L'amitié de Joël, j'ai pu l'analyser jour après jour, depuis notre première rencontre en 1982. De passage à New York en août 2006, je suis allé le voir lorsqu'il a ouvert son restaurant au premier étage du Four Season's, dont les chambres en étage élevé bénéficient d'une vue époustouflante sur Central Park.

J'arrive à minuit et demi de Paris. Fatigué, je monte directement dans ma chambre. Je m'apprête à me coucher. Le téléphone sonne. « Maurice, c'est Joël. Il paraît que tu viens d'arriver. Que fais-tu ? Je t'attends au restaurant. » Je réponds : « C'est gentil mais je suis crevé. On se voit demain. » Il rétorque : « Tu es fou ! Le restaurant ferme, mais je reste avec Bouchenoire pour te faire la cuisine. Grouille-toi. Je t'attends… »

J'ai enfilé ma chemise, passé mon pantalon, prévenu ma femme et nous sommes descendus. Robuchon était derrière son comptoir. Nous étions les deux seuls clients et avions un grand chef rien que pour nous. Ce soir-là, dans la nuit de New York, nos cœurs étaient en fête.

Justement, au début de notre relation, connaissant Robuchon, sans en être encore proche, un problème de conscience m'a tracassé. Absolument impossible d'obtenir une table au Jamin. Quelqu'un me glisse à l'oreille : « Avec un gros pourboire au maître d'hôtel, tu peux y arriver. » Je n'en crois rien.

Un soir, je dois vraiment dîner chez Robuchon. La veille, je demande le maître d'hôtel en question. Il pige immédiatement ma peu reluisante requête. J'obtiens une table pour le lendemain. Et mon problème de conscience commence. Que faire ? Informer Joël ou lui cacher qu'avec un gros billet on peut oublier la liste d'attente et obtenir une table ? J'ai passé des jours à y réfléchir, à peser le pour et le contre. Finalement, je me suis tu.

Alors qu'aujourd'hui, tous les grands chefs font le tour de la salle à la fin de chaque service, Robuchon ne l'a jamais fait. François Mitterrand fréquentait régulièrement Jamin, appréciant la cuisine du chef. Pour le président de la République, Joël faisait une exception. Lorsque Mitterrand apercevait Robuchon venir vers lui pour le saluer, le Président se levait immédiatement et s'inclinait devant le chef.

Six semaines avant la mort de Joël, le 6 août 2018, à Genève, nous avions déjeuné à Paris tous les deux dans son restaurant japonais, en haut du faubourg Saint-Honoré. Il ne savait pas quoi faire pour me faire plaisir… Au cours du repas, Patrick Bruel était venu nous rejoindre. Il souhaitait que Joël vende son huile d'olive au rez-de-chaussée du restaurant, réservé à la pâtisserie et à la petite épicerie. Joël était déjà très malade, mais ne laissait rien paraître. À la fin du repas arrosé de saké, dont son fils japonais est un grand importateur, il m'a raccompagné à ma voiture, non sans m'avoir offert un sac de gâteaux tout frais et de petites bouteilles de saké.

Patrick Bruel, quant à lui, avait fait un saut jusqu'à sa voiture pour me faire cadeau d'une bouteille d'huile d'olive de sa production.

Ce fut mon dernier repas avec celui qui fut sacré meilleur cuisinier du monde par ses pairs. Atteint d'un cancer, il pressentait que nous ne nous reverrions plus. La fin d'une amitié sans faille.

* * *

Alain Ducasse, je l'ai rencontré peu après son terrible accident d'avion. En reliant Saint-Tropez à Courchevel, en 1984, l'avion privé d'Alain s'est écrasé sur la montagne. À vingt-sept ans, Alain, seul rescapé, était devenu aveugle et ne pouvait plus marcher. Une année d'hôpital, treize opérations. Puis il est reparti à la conquête du monde. Grâce à son courage, sa ténacité, son envie de vivre. Et sa carrière, démarrée au Byblos de Saint-Tropez, s'est poursuivie. Avec Robuchon, ils se sont, un long moment, partagé les étoiles à travers le monde.

Ducasse vient de prendre un tournant dans sa carrière. Il ne cuisine plus, officiellement. Bien sûr, il intervient sur la carte de ses restaurants. Il poursuit aujourd'hui une carrière d'homme d'affaires, de PDG. Il invente des concepts, il préside et anime plusieurs écoles de cuisine, les jaloux ne se souviennent plus de l'époque où il maniait les casseroles. Une reconversion rare, très rare. Mais il en a les capacités. Et, à défaut de devenir le pape des cuisiniers, il s'est lancé dans des domaines inaccessibles pour les autres chefs. Ducasse, c'est un patron, un organisateur. Alain est parvenu là où peu de chefs arrivent : cuisiner et gérer avec brio. Un chef, dans tous les sens du mot. Il a de la ressource et n'a pas fini d'étonner ses fidèles détracteurs…

* * *

Avec Paul Bocuse, nous étions sur la même planète. On se tutoyait en se respectant beaucoup. Ensemble, nous n'avons jamais été familiers. J'avais l'impression qu'il était plus vieux que moi, ce qui n'était pas le cas. Mais le respect, c'est sûrement cela. Par contre, lorsque nous avons déjeuné au Pré Catelan, dans le bois de Boulogne, avec Jacques Chirac, président de la République, Paul et Jacques se traitaient mutuellement en égaux. Leur connivence dans les bons plats et la belle vie rabotait les différences. Ils étaient à table et se fichaient du protocole. Se régaler ensemble, rien de tel pour oublier d'où l'on vient ou ce que l'on est devenu. Le régal, c'est une communion qui débouche sur l'égalité des convives. La lutte des classes disparaît au restaurant.

Aujourd'hui, on a du mal à m'épater. Si, un midi, à Bordeaux, avec Bernard Magrez, le grand homme du vin. Nous déjeunions dans son restaurant, fermé depuis, le 16 août 2020, où Gagnaire avait succédé à Robuchon. Pierre Gagnaire était en cuisine et nous avons tutoyé les étoiles. Il faisait beau, le printemps envoyait un soleil tendre sur notre table en terrasse. Nous n'étions plus sur terre.

Avant le Covid, je suis passé à La Monnaie, chez Guy Savoy. J'ai déjeuné dans sa cuisine, face au ballet des cuisiniers. « Que veux-tu manger ? » m'a demandé Guy. « Tes spécialités. » Trois plats se sont succédé. Dieu, que c'était bon ! C'était pourtant l'ordinaire de la maison. Guy Savoy, j'ai suivi sa progression, ses changements d'adresse, je me suis interrogé sur ses deux étoiles et il le savait. « Tu t'es régalé, Maurice ? » « Bof ! » Mais ses trois étoiles lui ont donné un talent fou. Ah ! Ses plats mythiques, ses huîtres en nage glacée, sa soupe aux artichauts…

Cette grâce, ce miracle arrivent rarement. Même dans les trois étoiles, où l'on mange bien, bon et raffiné, l'extase est rare. Quelques cuisiniers, au sommet de leur art, rivalisent avec les grands peintres, les grands sculpteurs, les grands musiciens. Mon déjeuner Gagnaire à Bordeaux, c'était Mozart.

Pour faire cette cuisine des cimes, il faut être touché par la grâce. Arnaud Donckele l'est. Une tête d'ange et des boucles encore dorées, une grande politesse, une incroyable modestie, du métier, un talent fou de chercheur. Un modèle. Le gendre idéal… Mais il est marié et père de famille.

Bernard Arnault l'a repéré, a acheté La Pinède à Saint-Tropez, où il travaillait, lui a donné de gros moyens. À Paris, il a apporté ses trois étoiles à La Samaritaine flambant neuve.

Avec Arnaud Donckele, on se met à table pour partir vers un rêve, dans un ciel étoilé. Les goûts se succèdent et les étonnements s'amplifient. La cuisine des anges, c'est sûrement celle-là. Le repas prend une autre dimension. C'est très bon, mais c'est le cerveau qui enregistre, pas l'estomac.

L'époque des restaurateurs célèbres est révolue. Un restaurateur n'est pas un chef, mais un entrepreneur qui engage un chef pour diriger les cuisines.

* * *

J'ai dîné avec René Lasserre et son toit, au premier étage, qu'il ouvrait et refermait plusieurs fois par service, face au Palais de la Découverte, son lâcher de colombes en fin de repas, son service inimitable. J'ai été un ami proche et fraternel de Claude Terrail à La Tour d'Argent. Présent midi et soir, pour recevoir ses clients au dernier étage de la Tour, un géant pratiquant le baise-main, en inclinant son interminable buste.

Enfin, Jean-Claude Vrinat. C'est chez lui, à cinquante ans, que j'ai découvert l'univers des grandes maisons. Un patron modèle, ne ratant aucun service, accueillant et raccompagnant chaque client. Aimé des convives, admiré de ses confrères. Après sa disparition, Taillevent n'a jamais retrouvé son lustre. Jamais un établissement n'a autant brillé : trois mois d'attente pour une réservation.

J'ai pénétré dans ce monument de la rue Lamennais peu après mes cinquante ans. Je n'avais jamais franchi la porte d'un établissement de ce niveau. Trois étoiles pour la cuisine, mais l'accueil unique, le service en valaient bien plus.

Je suis entré dans le restaurant un matin à 10 h 30, au moment de la mise en place. Du stress, de l'affolement parfois, des sprints dans les couloirs. On craignait le patron.

C'est dans une salle à manger de Taillevent que j'ai vu de mes yeux comment installer une nappe sur une table. Sans pli ! D'un coup ! Jean-Claude Vrinat montrait la méthode. Il dépliait la nappe, l'envoyait en l'air et elle devait atterrir sur la table, avec interdiction d'y toucher ensuite. Pas facile ! Les maîtres d'hôtel avaient du mal. Imperturbable, Vrinat recommençait sa démonstration. Nappe lancée en l'air, retombant sur la table, dans son impeccable repassage.

Pas facile d'égaler le patron !

Souvent, aujourd'hui, je pense au rigoureux Jean-Claude Vrinat, quand je vois comment on met la table au restaurant. Les grandes maisons donnent un coup de fer pour effacer les plis de la nappe, d'autres un simple coup de poignet.

Aujourd'hui, le set de table remplace parfois la nappe en tissu. Ou rien du tout. Un dépouillement qui n'ouvre pas l'appétit.

Jean-Claude Vrinat nous a quittés. La grande tradition avec lui. Il repose dans un cimetière miniature, entre Ivry-la-Bataille et Pacy-sur-Eure, où il avait une propriété. Je n'oublie jamais de m'y arrêter.

* * *

Chez mes parents, il y avait du poisson le vendredi. Souvent du colin.

Je ne me régalais pas. J'ai mis du temps à savoir pourquoi. En déjeunant chez Le Duc, j'ai tout compris. Jean Minchelli voulait que je passe le voir dans son restaurant. Ça m'exaspérait. Je me déplaçais partout, mais selon mon humeur vagabonde, sans aucun plan. Six mois après son premier coup de fil, j'ai débarqué seul, boulevard Raspail, à l'angle de la rue Campagne Première. J'ai déjeuné et j'ai été scotché. Chez Le Duc, le poisson avait un autre goût.

Il y avait du bar cru en fines lamelles et un poisson juste saisi, rose à l'arête. Celui de maman était archicuit… À Paris, Jean et son frère Paul, le cuisinier, avaient lancé cette cuisson qu'ils avaient expérimentée dans leur restaurant familial de La Flotte-en-Ré. Le poisson rose à l'arête qu'on sert aujourd'hui, c'est à eux qu'on le doit.

Jean Minchelli est devenu mon meilleur ami, mon inconditionnel. À Rungis, le premier choix du poisson était pour lui. Il exigeait le super frais et ne discutait jamais le prix. Il voulait le meilleur pour ses restaurants de Paris et de Genève. Je l'ai vu souvent chez Le Duc après le déjeuner, installé au comptoir, découvrir en bas des factures le prix du poisson acheté la veille… Après coup…

Je suis souvent parti en week-end aux Seychelles, à Praslin, dans son incroyable Château de Feuilles, où il servait la même cuisine qu'à Paris, avec les poissons locaux. Le Tout-Paris était là, acceptant les diktats du patron : pas de télé ni de téléphone dans les chambres, pas de gosses à la piscine, pas d'enfants en bas âge. À l'époque, les portables n'existaient pas. Pour téléphoner, il fallait se rendre à la réception, à l'entrée de la propriété.

PDG, cinéastes, acteurs, milliardaires ne bronchaient pas et suivaient les normes exigées par Jean Minchelli. Les Seychelles, un régime marxiste, mais les plus belles plages et pas de décalage horaire. Pour un week-end prolongé, l'idéal.

Jean le merveilleux s'en est allé, vaincu par un cancer en 1992. Il pensait que son restaurant ne lui survivrait pas. Moi aussi. Nous nous trompions. L'un de ses fils a changé de métier pour diriger l'établissement.

* * *

J'ai beaucoup aimé Bernard Loiseau, resté un gamin au cœur tendre, malgré ses trois étoiles. C'est chez lui que j'ai fêté le premier anniversaire de mon mensuel *Passions*, avec mon équipe et Jean Minchelli. En cuisine, Bernard était devenu célèbre avec son déglaçage à l'eau, rendant les aliments plus digestes. Je l'avais aidé à ses débuts. Il s'en est toujours souvenu. J'avais monté à Paris une opération avec les Brasseurs de France. Un dîner entièrement à la bière, présidé par l'érudit Jacques Puisais, président de l'Institut du Goût, récemment disparu.

Je souhaitais avoir Loiseau à ce dîner, mais il fallait qu'il assure son service. Je ne comptais donc pas sur sa présence. Je comprenais son impossibilité. À 22 h 30, il a fait son entrée dans le restaurant. Il avait foncé en voiture depuis Saulieu pour ne pas me laisser tomber. Il est resté deux heures à table, avant de reprendre la route en sens inverse.

Toutes ces preuves de fidélité ont agrémenté mon existence. Cet univers de la restauration et de ses chefs m'a comblé. J'y ai de vrais amis. Ce qui m'honore, c'est que des petits, des sans-grade m'entourent d'affection. J'aime beaucoup les bistros, où un chef obscur se décarcasse en cuisine. Et régale ses clients.

J'ai connu Guy Martin, le chef du Grand Véfour, alors qu'il débutait et s'occupait d'un Relais & Châteaux à la frontière suisse. On ne se voit jamais, mais on s'aime.

Michel Guérard. Je l'ai rencontré dans son premier restaurant, Le Pot-au-feu, à Asnières, il y a cinquante ans. Nous ne nous sommes jamais perdus de vue. Comme moi, il n'aime pas le poisson servi sans l'arête centrale ni le lapin désossé. Il m'a écrit pour me le confirmer, lorsque j'avais critiqué un palace parisien qui servait des poissons et viandes sans âme, émasculés par des cuisiniers sans passion. Guérard, l'inventeur, l'imaginatif reste aujourd'hui la mémoire des grandes étapes de la cuisine française. Escoffier a inventé des plats, repris par les ménagères, mais Guérard a insufflé la subtilité, la distinction, l'aristocratie.

* * *

Je peux donc écrire que les restaurants, ça me connaît. Les grands, les moyens, les petits. J'ai saisi quelques remarques de chefs à mon propos. Ils m'aiment bien. Je raconte le plaisir d'un repas. Si je ne me régale pas, que le service est médiocre, l'ambiance désagréable, je n'en parle pas. Le papier glacé coûte trop cher pour qu'on le gâche. Et mes lecteurs veulent une bonne adresse pour leur week-end, pas une médiocre. Je ne fréquente donc pas les mauvais cuisiniers, les chefs colériques. Encore moins les prétentieux. Car il y en a beaucoup dans cet univers impitoyable qui ne se prennent pas pour rien.

J'ai une façon bien à moi d'aimer les restaurants et d'en devenir, éventuellement, un habitué. Il faut que ce soit bon. Mais ce n'est pas suffisant. L'accueil, l'ambiance, la gentillesse, tout doit être réuni. Je me souviens des trois rondelles de saucisson qui accompagnaient le verre de vin blanc offert par Nicolas, le patron du Gavroche, rue Saint-Marc, à Paris. Un prélude, qui mettait en condition et ouvrait l'appétit. L'entrecôte débordait ensuite de l'assiette.

Grâce à Étienne de Montety, le patron du *Figaro Littéraire*, j'ai redécouvert Georges, rue du Mail, derrière la place des Victoires. J'y avais fêté mon embauche à *France-Soir* en 1958. À l'époque, je n'avais pas les moyens de m'offrir le moindre restaurant. Chez Georges, m'attendaient, sur ma table, une terrine de rillettes, des radis, des rondelles de saucisson. Ça commençait bien. Et c'est le patron, Jean-Gabriel de Bueil, qui m'avait conduit à ma table, près de la porte d'entrée, à la place qu'André Malraux occupait lorsqu'il venait déjeuner en voisin depuis le ministère de la culture, rue de Valois. Tous ces préludes m'ont alerté. Une bonne maison. Une maison de confiance. J'ai consulté la carte. Immense. Elle recélait tous les plats qui régalent. Des plats qui ont fait leurs preuves. Ici, on ne se lance pas dans les innovations, mais les œufs-mayonnaise sont bios.

Et la carte, écrite à l'encre bleue et rouge, est un répertoire de ce qui a fait le succès de la cuisine française. C'est un modèle, à l'image du propriétaire. Il reçoit et a l'œil à tout. Il contrôle les plats, la cuisine. Il soutient ses serveuses et n'a pas de problème de personnel. Un patron qui domine la situation.

Facile, Chez Georges, de devenir un habitué.

II

« Maurice, ton frère est mort »

Mon père était ajusteur mécanicien. Ma mère, couturière. Elle avait été première main qualifiée chez Schiaparelli, place Vendôme. J'ai conservé la photo de jeunes femmes arborant robes longues et grands chapeaux, à la mode de l'époque. Des ouvrières élégantes. Je n'ai jamais su grand-chose du père de maman. Mon grand-père paternel, quant à lui, est mort en 1914, à vingt-quatre ans, près de Verdun. Son corps n'a jamais été retrouvé. Ma grand-mère est devenue veuve jeune, avec deux enfants.

Papa m'a quitté à la veille de ses cent ans, voilà vingt-deux ans. La nuit, il me rend visite. Il ne possédait pas grand-chose. Il me reste sa canne, son pied à coulisse, son mètre métallique… et mes souvenirs. À la campagne, je veille précieusement sur sa binette. À une époque, il m'aidait beaucoup dans mon potager et tondait ma pelouse le vendredi. Nous récoltions de beaux légumes. Une saison, j'avais récolté tellement de choux que j'avais décidé de faire de la choucroute.

J'ai installé ma mère sur une table dans le jardin et elle taillait le chou en fines lamelles. J'ai acheté deux pots en terre et je me suis lancé. Je me rappelle encore notre déjeuner choucroute, un peu plus tard. Nous étions huit et nous nous sommes régalés.

Mon père ne s'est jamais remis de la mort de maman. Il vivait seul, faisait ses courses, préparait ses repas. À presque cent ans, il déjeunait tous les mercredis au restaurant avec moi. Je l'appelais du bas de l'immeuble et il descendait ses escaliers, seul, depuis le troisième étage. Monsieur Delafosse, le propriétaire du Flandrin, boulevard Henri-Martin, se souvient de lui et de la table que nous occupions chaque semaine.

On m'a dit : « Tu aimais davantage ton père que ta mère. » Non, je ne crois pas. Ils étaient à égalité. Mais, à la fin, mon père a vécu seul longtemps et je ne l'ai jamais laissé tomber. Nous sommes partis ensemble en week-end, il passait ses vacances d'été chez moi, à Antibes. Au petit déjeuner, il nous racontait ses souvenirs.

La fin de mon père, ce fut la fin de la « vie d'avant ». Il était mon dernier souvenir, le dernier témoin. Je suis alors passé à « l'époque d'après ». Papa me disait toujours : « Maintenant, quand je vais à un enterrement, je ne connais plus personne. » Le jour de ses obsèques, il aurait pu se faire la même réflexion. Mon père, ce héros, avait attendu le départ de tous les autres, avant de tirer discrètement sa révérence.

Mes parents n'étaient pas riches et souvent à court d'argent. Je me souviens de leurs fins de mois difficiles et des filets de hareng pour plat principal, trempant dans l'huile et accompagnés d'oignons. Je devais me régaler, car je savoure toujours ce plat du pauvre, fleuron des bistrots parisiens. Ceux de maman étaient les meilleurs. Mon frère, ma sœur, nous ne manquions de rien, mais je portais les vêtements de mon frère aîné. Intérieurement, je râlais.

Je dormais avec mon frère dans la salle à manger du quatre-pièces. Chaque soir, ma mère poussait la table contre la cheminée de marbre pour pouvoir déplier le divan. Pas de douche. Une cuvette dans l'évier de la cuisine. La toilette, les uns après les autres. Il ne fallait pas traîner pour être à l'heure à l'école, où maman nous emmenait. Je me rappelle ces moments avec nostalgie. Mes parents nous adoraient et faisaient le maximum pour le bonheur de chacun. À l'époque, je ne les comprenais pas toujours. Maintenant, je sais ce que signifie avoir une enfance heureuse, même si les moyens sont minces. Pour moi, maman voulait le meilleur. J'ai eu mon certificat d'études à dix ans et demi. La même année, maman m'a inscrit au cours d'anglais.

Et la guerre est arrivée, bouleversant notre quiétude…

* * *

J'ai vécu la « débâcle ». Mon père nous avait fait quitter Paris, ma mère, ma grand-mère, mon frère et ma sœur, pour nous mettre à l'abri, chez un de ses cousins, Auguste Vigneau, cultivateur à Givraines, dans le Loiret. Nous habitions une petite maison, à droite de l'entrée de la ferme. À gauche, un chien, Luna, attaché à une longue chaîne pour pouvoir gambader, et une niche. Et le corps de ferme où habitaient Auguste et son épouse toujours triste, Angeline.

J'allais à l'école dans le hameau voisin, Buthiers, en haut d'une longue côte qu'il fallait gravir deux fois par jour, faute de cantine.

Nous menions une vie tranquille. La ferme fournissait œufs, volailles, lapins, pommes de terre. Nous mangions à notre faim et passions des jours sans histoire. Mais les troupes allemandes avançaient, se rapprochaient. La décision fut prise de prendre la route et de partir vers le sud, en exode, comme deux millions de Parisiens.

Notre caravane Vigneau se composait d'une vieille voiture automobile, avec laquelle Auguste se rendait chaque année au salon agricole pour voir les nouveautés et partir en goguette. C'était le seul événement de l'année pour les campagnards. Derrière cette vieille auto, une charrette à ridelles, tirée par deux chevaux, et une seconde charrette, tirée par deux bœufs. Le tout bourré de meubles, matelas, vaisselle, outils de ferme, sacs de pommes de terre, fourrage, poulaillers improvisés pour volailles et lapins. Les chiens de chasse attachés aux carrioles. Une caravane hétéroclite, incroyable, folle.

Nous voilà partis de Givraines, un matin. Nous marchions, en une étrange procession. Au rythme lent des bœufs.

Le but : atteindre un pont pour traverser la Loire et prendre la direction du sud. Ce qui restait du corps du génie de l'armée française en déroute faisait encore sauter les ponts. Pendant notre marche vers la Loire, les Allemands gagnaient du terrain, chars, camions bourrés d'une troupe triomphante. Et l'aviation alliée rasait leurs convois, tirant à la mitraillette sur les troupes en conquête et aussi, sans le vouloir, sur le troupeau des exilés. Nous quittions la caravane pour nous réfugier dans les fossés.

Bien sûr, les pires bobards traversaient cette cohue, sans cesse arrêtée sur les bas-côtés de la route, des animaux morts, des vaches sur le dos, gonflées de leur lait, des fermes détruites, des boutiques pillées. La mort, la panique, la débâcle, la défaite…

Dans *Guignol's band*, Louis-Ferdinand Céline s'exclame : « Braoum, Vraoum !… C'est le grand décombre ! Toute la rue qui s'effondre au bord de l'eau !… C'est Orléans qui s'écroule ! Le fier pont, douze arches, titube, culbute au limon, d'un seul coup ! On va mourir en pressebouillie. Fini les punaises ! Y a un ventre là. Grand ouvert et le pied et la jambe retournés… Vloumb ! Vloumb ! »

On se relève du fossé pour reprendre la route, on scrute le ciel. Les avions sont partis. Le bruit circule que le pont historique de Briare, construit par Eiffel, a sauté. C'est faux ! D'ailleurs, le pont-canal accueille seulement les bateaux, pas les voitures. Nous avançons au rythme des bœufs. L'auto, faute d'essence, a été abandonnée. Ma grand-mère de quatre-vingt-six ans, hissée sur une des carrioles, près des lapins.

Sur la route, la galère rapproche les piétons de la débâcle. On se rend service. On échange sur le pont qui doit nous sauver…

Du vacarme… Les Allemands vont nous dépasser. Apparaît un side-car nazi, les longs manteaux vert-de-gris sur les motards. Un camion derrière. La route est libre. Pas de combat, faute de combattants. Et la

Wehrmacht suit. Des camions remplis de soldats. La caravane s'est arrêtée. À nouveau des discussions. Le pont à franchir sur la Loire restera un mirage. La caravane du malheur fait demi-tour. Les millions de déplacés volontaires retournent chez eux. L'exode est fini, la guerre perdue. Pétain ne va pas tarder à proclamer l'armistice. Quatre années de cauchemar, d'occupation s'annoncent. L'exode est passé dans l'histoire de France…

Plusieurs jours de marche et nous rentrons à Givraines. La ferme est occupée par les soldats allemands. Auguste, qui a été prisonnier de guerre en 1916, tente de parlementer, avec les quelques mots conservés de son séjour en Allemagne. Et, surtout, beaucoup de culot…

Finalement, les occupants acceptent que nous reprenions à nouveau nos logements. Bientôt notre famille quitte Givraines et l'hospitalité de notre cousin Vigneau. Je dis au revoir à la chienne Luna, aux chevaux, que j'embrasse sur les naseaux, à ce cher Auguste, qui m'avait pris sous son aile. Il me fait descendre dans la cave voûtée, où il entrepose les vins de ses vignes, car là, dans ce Loiret, pas loin de Paris, le vignoble est florissant.

Je trinque avec Auguste, je trempe mes lèvres dans la piquette et nous nous étreignons longuement. On va prendre le car jusqu'à la gare de Pithiviers, où les occupants vont bientôt enfermer les Français dans un camp, avant de les déporter.

Ce soir, la famille, mes parents, mon frère, ma sœur, ma grand-mère maternelle, nous dormirons à la maison, à Courbevoie, dans un des premiers HLM de la région parisienne.

* * *

Après la débâcle, j'ai connu l'Occupation, Paris sous les Allemands et les drapeaux à croix gammée. Les troupes nazies portaient un uniforme qui faisait peur, notamment la Feldgendarmerie, grosses chaînes pendantes autour du cou, longs imperméables vert-de-gris, tombant jusqu'aux pieds, croix de fer pour les soldats d'élite.

Sur la terrasse de mes parents, ils avaient installé deux batteries de DCA qui tiraient sur les avions anglais. Aux premiers sons de la sirène installée sur l'immeuble voisin, les locataires de notre HLM descendaient dans les caves et patientaient, attendant le signal annonçant la fin de l'alerte. Chacun arrivait avec sa chaise ou son pliant ; le séjour dans les caves pouvait durer trois à quatre heures. Lorsque la sirène retentissait, la cohorte remontait vers les escaliers.

Il n'y avait pas d'ascenseur. À quatre-vingts ans, une des tantes de ma grand-mère descendait et remontait chaque jour sept étages à pied pour faire ses courses. Compensation : elle disposait d'un long balcon, avec vue sur l'église où j'ai fait ma première communion, pas loin de l'externat Saint-Pierre-Saint-Paul, où j'ai appris à lire et écrire.

Mon père préférait nous tenir loin de Paris en ce début d'Occupation. Il nous a envoyés à l'abri dans le hameau de Roncevaux, près de Malesherbes, dans le

Loiret. Une salle à manger et deux chambres. Le bois de la cuisinière, j'allais le couper dans la forêt derrière la maison. Avant de le trancher à la hache sur un billot. La vie était belle. J'allais à l'école à Malesherbes. Et je passais par le bois pour rentrer à la maison. Une copine de l'école, Yolande, m'accompagnait souvent pour parcourir les deux kilomètres. Un matin, devant toute la classe, l'instituteur a dénoncé notre promenade qu'il trouvait scandaleuse. Il a harangué les élèves, mettant ainsi fin à une balade romantique et amicale. Un élève, jaloux, nous avait dénoncés.

Quarante ans plus tard, je suis passé à Malesherbes, devant L'Écu de France, l'hôtel-restaurant des parents de Yolande. Et je me suis souvenu de nos parcours en forêt.

Ensuite, j'ai dû traverser le bois entre Malesherbes et Roncevaux tout seul et j'ai trouvé le parcours bien long, l'instituteur malfaisant, ses cours moyens. Je n'ai pas fait de progrès, ma muse avait regagné ses foyers et avait été punie par ses parents…

Je me suis retrouvé bien seul, entre maman, ma grand-mère et ma sœur. Mon frère aîné n'était plus là. Il avait disparu depuis plusieurs mois sans prévenir. Aucune nouvelle. Un vendredi soir, je suis allé chercher papa à vélo à la gare de Malesherbes. Il venait pour le week-end. Il ne semblait pas en forme. En traversant les tourbières, peu avant Roncevaux, il m'a dit : « Maurice, ton frère est mort. Je viens d'avoir la nouvelle. Maintenant, il va falloir le dire à ta mère. » Il avait été fusillé à Berlin.

Jacques avait quitté notre domicile de Courbevoie pour rejoindre le général de Gaulle à Londres, en passant par l'Espagne. Capturé en pleine mer par les hommes de Franco, alliés du Reich, il avait été emprisonné au fort du Hâ, à Bordeaux, avant d'être déporté dans plusieurs endroits, puis emprisonné à Berlin. Après plusieurs tentatives d'évasion, mon frère avait été fusillé et, on ne sait pourquoi, son corps avait été déposé dans un cercueil de plomb. « Mort pour la France », à dix-huit ans…

Depuis ce jour, la vie ne fut plus jamais joyeuse à Roncevaux. Ma mère et ma grand-mère ne cessaient de pleurer. Moi, je continuais l'école. Ici, nous étions à l'abri. Nous ne croisions pas souvent les Allemands sur les routes de campagne.

* * *

Sur le chemin du retour, je disais bonjour à une toute jeune fille, Nora. Sa mère habitait avec d'autres femmes dans une maison un peu isolée sur le bord de la route, deux cents mètres avant Roncevaux. D'après la rumeur, on y apercevait parfois des officiers allemands. J'étais trop naïf. La mère de Nora et ses copines étaient des prostituées.

Un jour, seul avec elle près des tourbières, un sidecar, venant de Malesherbes, arrive doucement. Il s'arrête à notre hauteur. Nous observons les occupants. Leurs casques ne sont pas ceux des soldats allemands. Ils nous offrent plusieurs paquets de chewing-gum. Des G.I. Bien tranquilles dans leur engin. Sans la moindre protection. Sur la route entre les tourbières. Comme en balade, sympathiques, souriants. Nos premiers Américains. Mon frère ne sera pas là pour fêter la victoire. Et mon retour à la maison n'est pas gai. Sans les franquistes, Jacques aurait bientôt été de retour parmi nous.

J'ai revu Nora. La guerre finie, je suis souvent passé la chercher au lycée Jules Ferry, place Clichy, où elle préparait l'École des Beaux-Arts.

Nous rentrions à pied. Elle habitait avec sa mère au bas de l'avenue de Clichy, rue Pouchet, au cinquième étage d'un bel immeuble avec ascenseur. Sa mère était très sympathique. J'avais compris ce qu'elle faisait. Nous allions prendre l'apéritif tous les trois le dimanche et rencontrions parfois d'étranges personnages. Et puis, repris par le tourbillon parisien, je suis devenu moins assidu. Me souvenant, je m'étonne et regrette. Nous adorions être ensemble, mais nous ne nous sommes jamais approchés. Nora reste la pureté de mes dix-sept ans…

Un matin, j'ai reçu un faire-part. Nora était morte d'un cancer foudroyant à la veille de ses dix-huit ans. Pour la dernière fois, je suis retourné rue Pouchet. Suivre son corbillard.

III

« Merci, compagnon Beaudoin »

J'ai été gaulliste. Avec de Gaulle. Chez mes parents, j'avais accroché la photo du général dans la salle à manger. Mon père était membre du Mouvement de libération nationale (MLN). Fonctionnaire, adjoint du chef de garage de la mairie de Courbevoie, la Résistance l'avait chargé d'arrêter le maire de la commune, collaborateur notoire, dans sa villa du quartier de Bécon. Pas évident pour un employé de la mairie qui rencontrait quotidiennement le premier édile.

Du haut de mes dix-sept ans, j'avais assisté à l'apparition des résistants de la dernière heure… Ils s'étaient enrôlés la veille ou le lendemain de la Libération et paradaient dans les rues, en voiture, brandissant des drapeaux tricolores. Dans l'immeuble HLM de mes parents, ils dévalaient, sans vergogne, les sept escaliers et se retrouvaient dans la cour. Je les revois comme je me souviens d'avoir vu, tout près, place de la Mairie, un rescapé des camps de la mort, déambulant bizarrement en pyjama rayé, squelettique et crâne rasé. Je l'ai revu ensuite plusieurs fois, participant à des manifestations locales, toujours dans la même tenue rayée. Ça me choquait. J'étais gêné de cette parade que je trouvais déplacée. Car la plupart des rescapés des camps avaient la même discrétion que Simone Veil.

Horrifié, j'ai vu aussi, au détour des rues, des femmes maintenues de force sur une chaise, dont on rasait le crâne sous les vivats.

* * *

Le jour où de Gaulle a créé le RPF, je suis passé rue Taitbout pour y adhérer. Je suis devenu un compagnon, avant de grimper dans les instances et devenir conseiller élu de la banlieue ouest, depuis Asnières jusqu'à Neuilly et Boulogne-Billancourt. J'étais le patron des jeunes du RPF du même secteur. Je me suis frotté aux militants communistes, que de Gaulle appelait les séparatistes. Je militais avec enthousiasme.

J'ai été présenté officiellement au Général à Toulon, sur l'esplanade de la base navale. J'attendais au garde-à-vous sur le bitume. Le général est arrivé, s'est approché, puis s'est penché vers moi et m'a dit simplement : « Merci, compagnon Beaudoin ». Et puis il est parti serrer d'autres mains. Il n'y avait pas de photographe.

J'étais venu en train. Dans mon compartiment, un jeune garçon, membre de la famille du général. Il m'avait dit bonjour, puis « Excuse-moi, je monte toujours dormir dans le porte-bagage ». Il s'est réveillé en gare de Toulon. Je ne l'ai jamais revu.

J'avais admiré, aimé de Gaulle. J'étais un vrai gaulliste. Je n'étais pas comme ceux qui se disent aujourd'hui ses disciples, alors qu'il n'est plus là. J'ai été gaulliste avec de Gaulle. Et avec les prolos qui l'idolâtraient à cette époque. Rien à voir avec les militants des cellules communistes. Nous, nous avions choisi la liberté, comme le titre du livre de Viktor Kravchenko, publié en 1946 à New York, où il dénonce le goulag soviétique et les « hôpitaux psychiatriques ». Aujourd'hui, la politique m'intéresse toujours, me passionne encore. Plusieurs fois, j'ai eu envie de rempiler. Mais je suis trop vieux. Alors, fini. Mais je suis les hommes et les femmes qui se précipitent dans l'arène. Je suis outré lorsque je vois les ténors des Républicains – pour lesquels je votais – s'indigner contre le Président Macron, alors qu'ils lui ont laissé le champ libre après l'éviction de Fillon. Si le président du Sénat, faisant preuve de courage, était alors intervenu et avait mis Juppé en piste, il aurait été élu.

Mais, en politique, le courage est le plus souvent aux abonnés absents. Les banderilles actuelles du président du Sénat contre Macron me scandalisent. On ne peut pas monter à l'assaut en pantoufles… Tout cela est bien triste et on finit par comprendre le désintérêt des électeurs.

* * *

L'épopée gaullienne, c'était Napoléon au pont d'Arcole. Maintenant, je fais partie des grognards. À Antibes, ma ville d'adoption, dans certaines rues étroites de la vieille cité, le nom d'un de ces héros de l'épopée napoléonienne est inscrit au-dessus de la porte d'entrée. Ici habitait un grognard…

Les militants du RPF que j'ai côtoyés dans ma ville et alentours n'étaient pas des intellectuels. Les jeunes qui m'entouraient : employés, artisans, livreurs, ouvriers. Toutes les semaines, je collais des affiches avec eux. Certains me faisaient peur. Ils cherchaient la bagarre avec les communistes et auraient bien voulu en découdre. L'un d'eux, je me souviens de son nom, Lalmanach, avait un pistolet chargé dans sa poche. Les militants, c'est ça, il y a aussi des types inquiétants, exaltés, voire dangereux.

Nous nous retrouvions tous les dimanches au marché Charras pour vendre *Le Rassemblement* et porter la bonne parole. Les communistes, chapeautés par le conseiller général Guérin, vendaient *L'Humanité* pas très loin. Un dimanche, Guérin m'avait interpellé : « Toi, dont le frère a été fusillé, tu devrais avoir honte et être avec nous. Je ne te comprends pas. » Guérin, embrigadé au PC, n'était pas un type désagréable. Je n'avais pas de haine, comme certains de mes amis. J'étais un anticommuniste acharné, mais pas obtus.

C'est l'époque où la politique m'accaparait presque totalement, alors que je venais d'être embauché à *L'Équipe*, comme secrétaire de rédaction. À ce moment-là j'avais deux amis inséparables, Jacques Laizeau, préparateur en pharmacie à La Garenne-Colombes et projectionniste, le soir, au cinéma Le Central, à Courbevoie. Entre deux bobines, il partait faire des piqûres en ville.

Mon autre copain, Claude Kuntz, imprimait en relief des plaques minéralogiques. Il est devenu premier adjoint au maire de Courbevoie. Dévoué, assidu, de toutes les manifestations locales. Un enfer ! Charles Pasqua est venu, un soir, lui remettre la Légion d'honneur. Il y a deux ans, j'ai assisté à son enterrement à l'église Saint-Pierre-Saint-Paul de Courbevoie. À la sortie de l'église, comme son cercueil était poussé vers le fourgon, « Y a d'la joie », chanté par Charles Trénet, a retenti. Notre amitié s'est achevée en musique…

J'avais de l'affection pour Claude, mon vieux copain, mon compagnon en politique. Il aurait dû devenir maire de la ville. Mais il n'avait pas la niaque suffisante. Il ne fonçait pas, ne montait pas à l'assaut. Comme Sarkozy l'a fait plus tard. Alors, toute sa vie, il s'est contenté, malgré les législatives successives, de rester dans l'ombre et de présider les HLM et le comité des fêtes.

À cette époque, gaulliste ardent, j'étais un pur. Je croyais aux idées et à une certaine justice. J'ai été déçu. Même au RPF, lors de la désignation des candidats aux élections, les magouilles, les décisions injustes m'ont profondément dégoûté. Tout était alors possible en politique. Avec de Gaulle, on était obligatoirement élu député.

Parfois, j'y pense. J'ai eu, un court moment, la possibilité d'être élu maire de ma ville. Mais pas question des magouilles politiciennes de l'état-major. J'avais la vingtaine et toutes mes illusions. J'ai abandonné subitement la politique pour me marier. Sans regret. Et je me suis lancé dans le journalisme pour gagner ma vie. Si j'avais poursuivi en politique, j'aurais visé le plus haut.

* * *

Je me suis marié à vingt-quatre ans. Suzanne, ma femme, d'origine arménienne, ravissante brune au charme venu de loin, première main qualifiée dans une maison de couture, puis modéliste, avant de devenir journaliste, spécialisée dans les antiquités, avait dix-neuf ans.

Trop préoccupé par ma carrière à bâtir, je ne voulais pas d'enfant. J'ai pu ainsi me consacrer totalement à apprendre, puis progresser dans mon métier, sans entrave.

Je sais que j'ai pu réussir grâce à ma liberté et à la totale solidarité de ma jeune épouse. Une façon particulière de voir la vie, mais je n'ai jamais dévié. De nombreux collaborateurs brillants ont vu leur carrière stoppée, n'étant pas suffisamment disponibles pour se lancer dans la grande aventure de la vie professionnelle.

Peu de garçons ou de filles doués s'embarquent à travailler comme je l'ai fait. Quittant le domicile à 9 heures et rentrant au bercail aux environs de minuit. Il faut avoir la gagne au cœur et une épouse intelligente. Ma carrière, je la dois à un brin de talent, beaucoup de travail et à la générosité totale de ma jeune femme, dont le soutien à mes aspirations a été sans faille. Et toujours avec le sourire.

En épousant une Arménienne à la mairie de Viroflay, près de Versailles, j'ai découvert les Arméniens de France. Ils se sont toujours mariés entre eux, surtout après la dernière guerre. Les parents de ma future femme lui avaient choisi – à l'avance –, sans lui en référer, quand elle avait quinze ans, un promis, issu d'une famille installée à Marseille.

À dix-neuf ans, lorsque Suzanne leur a dit qu'elle ne voulait pas de ce candidat désigné, ça a chauffé !

Toute la famille sur le dos. Le père et le frère, virulents ; la mère, férue de tradition. Mais Suzanne tint bon. Moi, je suivais les événements de loin.

Le conflit était intense. Devant la détermination de leur fille, les parents ont fini par céder. Et, un dimanche, au déjeuner, je me suis retrouvé au 16, rue des Fleurs, à Viroflay. La mère faisait de la couture à domicile, le père, ouvrier chez Renault. Chez ces gens modestes, le cœur était intact. J'ai été adopté devant un petit verre de Raki Duze, renouvelé plusieurs fois. Un ami violoniste passait par là ; la musique a éclairé le repas de bienvenue, entrecoupé de chansons. Mon futur beau-père connaissait tous les refrains de son pays. Une sorte de réveillon russe à l'heure du déjeuner. Merveilleux, joyeux.

Loin du pays, ces exilés se retrouvaient. Il y avait eu le « grand dérangement » des Acadiens au Canada – l'histoire de *Pélagie-la-Charrette*, tellement bien racontée par Antonine Maillet, prix Goncourt 1979 ; le génocide arménien : des milliers de personnes, fuyant le massacre perpétré par les Turcs, après des semaines de mer, qui avaient atteint les côtes françaises, le plus souvent Marseille.

Mon beau-père, meunier florissant dans son pays, s'est retrouvé mineur, tâcheron, ouvrier sans qualification. Mais un courage intact, une détermination sans faille. Et une folle envie de s'intégrer. Nicham, le déraciné, était un fou de la France. Il se voulait français à part entière. Naturalisé, il votait de Gaulle. Il voulait remercier de cette hospitalité heureuse.

Toute la famille m'a adopté. L'oncle et la tante qui habitaient une autre maison dans le jardin, les cousines, les amis. On aurait pu chanter, comme les ouvriers typographes, férus de solidarité : « Il est des nôtres. » Moi, j'étais des leurs et je le suis toujours.

Après mon mariage, je me suis souvent retrouvé le dimanche chez mes beaux-parents. Après quelques étapes à travers la France, ils s'étaient posés en banlieue parisienne et avaient construit eux-mêmes leur maison. Pas une villa de luxe. Du béton brut, mal lissé à l'extérieur. Salle à manger, chambre, petite cuisine à chacun des deux étages, pour deux familles avec trois enfants. Nous déjeunions le plus souvent possible dans le jardin. Haïgouhi, ma belle-mère, ne savait pas quoi faire pour moi. Nous mangions des belegues, les feuilles de vigne étaient cueillies dans le jardin, des aubergines farcies. C'était l'opulence. Deux viandes, des fromages fabriqués par ma belle-mère, des gâteaux maison. Du raki pour démarrer, du vin rouge pour suivre. En fin de repas, mon beau-père chantait et un violoniste ou un guitariste passait dans l'après-midi.

Toute la communauté arménienne des environs arrivait, buvant café sur café. Les potins se succédaient.

Aujourd'hui, la plupart de ces joyeux participants ont disparu. Et je me souviens avec nostalgie de ces jours heureux. Je me dis que je n'ai pas suffisamment apprécié. Ce bonheur simple de gens déracinés, heureux de vivre, j'aurais dû le savourer seconde après seconde.

Ces déjeuners dans le jardin sur une table bancale, les bancs recouverts de vieux tapis épais, les gâteaux maison qui défilaient, il fallait les apprécier… Un film à la

Sautet, ces gens qui avaient tout perdu. Sauf leur dignité et leur générosité. Et cette dégustation de la liberté retrouvée dans une France où ils s'étaient discrètement glissés.

Mes beaux-parents et mon beau-frère Manas sont morts. Mon seul lien avec eux aujourd'hui, ce sont les fleurs que je leur porte Toussaint après Toussaint. Je n'oublie pas. Je tiens, chaque année, à leur dirc mon affection et le souvenir des jours heureux.

Et je suis toujours attentif à la cause arménienne. Je suis abonné à leur journal, je suis les événements les concernant. Je me suis rendu plusieurs fois à l'église arménienne, rue Jean-Goujon, à Paris. Et il m'est arrivé de faire un saut à celle de Chaville, qui a accueilli le cercueil de mes beaux-parents. Dans ces églises, les cérémonies sont simples et compréhensibles. Pas de grandiloquence. Et les prêtres sont mariés. Un métier comme un autre, ai-je souvent pensé, en les raccompagnant, après l'office, à leur domicile.

Mon souvenir le plus prégnant reste la générosité de mon beau-père. Ouvrier chez Renault, il prêtait sans cesse de l'argent. Le banquier des Arméniens de Chaville, Viroflay, Versailles, c'était lui. Il économisait pour cela. Il prêtait sans intérêt, avait du mal à récupérer ses fonds.

Aznavour était riche et célèbre, Mikoyan avait régné sur la Russie, Devedjian, mort du Covid, avait présidé les Hauts-de-Seine. Ils étaient Arméniens et le proclamaient, génération après génération. Le pays lointain des ancêtres reste une étoile qui rassemble ces déracinés.

IV

Salutations d'Aragon

Mes débuts chez Robert Hersant, je les dois à une histoire extraordinaire. Un conte d'une autre époque.

J'avais l'habitude de lire *France-Soir*, mais aussi *Ce Soir*, quotidien d'après-guerre qui tentait de rivaliser avec le journal dirigé par Pierre Lazareff et présidé par Robert Salmon, issu de la Résistance sous le nom de *Défense de la France*. Gaulliste militant, je tâtais gratuitement du journalisme sportif à *Route et Piste*, un hebdomadaire sur le vélo. J'étais également pigiste à *Ce Soir*, un titre communiste, dirigé par l'écrivain Louis Aragon. Le nom du poète de la Résistance s'étalait en lettres grasses à la une. Les journalistes du service Sport étaient si talentueux que lorsque *Ce Soir* a cessé de paraître, toute l'équipe a été récupérée peu à peu par le quotidien *L'Équipe*. Moi, en dernier.

Pour entrer à *Ce Soir*, j'étais pistonné. Depuis deux ans, j'étais au mieux avec une belle lycéenne, Rolande, dont le père naviguait dans les milieux communistes. Un ami d'Étienne Fajon, directeur de *L'Humanité*, membre du comité central du PC, stalinien jusqu'au dernier jour. Étienne Fajon était logé par le parti boulevard Suchet, face au bois de Boulogne, dans un bel appartement. Son épouse, ravissante brune, m'aimait bien. Son mari connaissait mes opinions, Rolande l'avait mis au courant.

Rolande avait dix-sept ans, et se moquait pas mal de la politique. Elle tapait, avant le RPF, à la machine à écrire mes convocations pour l'Union gaulliste pour la Ve République de René Capitant, futur ministre de l'Éducation nationale et Louis Valon, bientôt conservateur à la Monnaie de Paris, où est à présent installé Guy Savoy et ses trois étoiles.

Plus tard, Rolande a épousé un communiste pur et dur, qui avait séjourné plusieurs années en URSS. Je l'ai croisée, dix ans après, avenue de Wagram.

J'étais anticommuniste, mais j'avoue que la cohabitation avec des « cocos » purs et durs ne me déplaisait pas. À *Ce Soir*, l'ambiance était très amicale. Aux sports, dirigés par Pierre Portier, quelques sensibilités de gauche, sans plus, les autres : seulement des journalistes fous de sport. Moi, j'étais heureux de lire mon nom au bas d'un petit article. J'étais fier de mon modeste emploi dans le quotidien d'Aragon. Il m'avait reçu à mon arrivée et passait parfois me dire bonjour. Il savait que je connaissais certains de ses poèmes par cœur. Je lui avais confié que, lorsque je disparaîtrai, je souhaitais que soit lu « La Rose et le Réséda » pour me dire adieu.

Ces fréquentations inhabituelles, mal vues par mes amis gaullistes, ont contribué à faire de moi un homme libre, ouvert aux autres et à l'écoute bienveillante.

Lorsque de Gaulle a décidé d'appeler les communistes au gouvernement et fait de Maurice Thorez un ministre d'État, j'ai compris que je pensais juste. Être libre, rester libre. Ce passage à *Ce Soir* demeure un beau souvenir.

* * *

Dans les pages « Offres d'emploi », une annonce : « Recherche journaliste pour journal de province. Prendre rendez-vous par téléphone ». Je réponds immédiatement. Je suis convoqué quinze jours plus tard rue d'Hauteville, à Paris. Horreur ! Je reçois, pour la même date, une convocation au fort de Vincennes pour deux semaines de période militaire. Je désespère de ce manque de chance, mais me vient une idée farfelue. Je demande à ma femme de se présenter à ma place, de vanter maintes qualités, d'affirmer que je suis prêt à me consacrer totalement à ce travail…

Un homme jeune, aimable, mais froid, l'œil vif, la reçoit. C'est Robert Hersant. Effacée, Suzanne, ma jeune épouse, n'a pas du tout l'habitude de ce genre de rencontre. Hersant la questionne. Je n'ai jamais su le détail de leur conversation. Il réfléchit longuement, comme il en a l'habitude. Une réflexion profonde, impressionnante. Il lance : « J'engage votre mari. Les autres rédacteurs recrutés s'occupent d'un canton, lui en aura deux : Breteuil et Froissy. Ça lui apprendra à arriver en retard. »

Je suis resté deux ans dans l'Oise. Je n'y ai jamais rencontré Robert Hersant.

Ma carrière commençait. J'avais été embauché comme rédacteur cantonal par un hebdomadaire, *La Semaine de l'Oise*, qui, en quelques mois, allait devenir un quotidien, *L'Oise Matin*. Chargé des informations locales sur les cantons de Breteuil et Froissy. Pour toute formation, une journée dans la région de Magny-en-Vexin avec un autre rédacteur cantonal, Joseph Bosson, qui deviendra plus tard rédacteur en chef du *Figaro agricole*, rond-point des Champs-Élysées.

Breteuil-sur-Noye : 4 500 habitants. J'y suis arrivé en car, une petite valise à la main. La première maison, à l'entrée de la commune, était un hôtel. J'en ai poussé la porte en descendant du car à la tombée de la nuit. Un couple tenait l'endroit. Un grand-père à grosses moustaches somnolait dans la cuisine. J'avais vingt-quatre ans, laissant ma femme de vingt ans à Paris.

Me voilà à Breteuil ! Une chambre non chauffée, la moins chère. L'eau froide au robinet du lavabo. Heureusement, un gros édredon. Les toilettes au bout du couloir. Je ne connais personne. Le lendemain, ma première visite est pour le marchand de journaux, Monsieur Prange, la quarantaine, charmant. La vente, c'est aussi mon boulot. Lorsque *L'Oise Matin* paraît, je lui demande d'afficher le journal sur sa porte d'entrée. Il y restera tout le temps de mon séjour à Breteuil. Là, comme dans tout le département bientôt, le nouveau quotidien fait un tabac. Le lecteur veut du local. Je passe mes journées à sillonner les deux cantons et à pêcher des informations.

Lors de mon recrutement, j'avais menti. Je n'avais pas le permis de conduire, n'ayant jamais eu l'argent pour m'offrir des leçons à l'auto-école. On m'envoie une voiture. Je dois passer aux aveux. Deux jours plus tard, on échange la voiture contre une mobylette. C'est l'hiver. J'imite les coureurs cyclistes. Entre ma chemise et mon pull, une épaisse couche de papier journal.

À Breteuil, l'accueil est bon. Le conseiller général se prend au sérieux, mais le propriétaire du magasin de prêt-à-porter me reçoit gentiment et me montre dans son grenier son impressionnant circuit de trains électriques. L'industriel de la région souhaite me rencontrer. D'origine allemande, monsieur Sachs fabrique des roulements à billes et subventionne l'équipe de football. La plupart des joueurs travaillent dans son usine et disposent de temps pour s'entraîner.

Je suis mal payé. L'après-midi, ma jeune femme, arrivée depuis peu, emprunte ma mobylette et fait le tour des mairies des deux cantons pour recopier les listes électorales et gagner un peu d'argent. Les noms et adresses serviront au journal pour proposer des abonnements. Soixante ans plus tard, je me réjouis d'avoir démarré modestement sur les routes glaciales de l'Oise, sillonnées par les camions débordant de betteraves, à une époque où les doudounes matelassées n'existaient pas.

Bien plus tard, professeur au Centre de formation des journalistes (CFJ), j'ai raconté ces débuts à certains de mes élèves que j'invitais à dîner après les cours, ce qui était mal vu de la direction. Les élèves m'aimaient bien. Je n'étais pas un prof comme les autres, je leur racontais la vraie vie. J'ai passé de belles soirées avec eux. La plupart avaient fait de hautes études, rêvaient d'entrer au *Figaro* ou au *Monde*. Pour moi, la bonne formation restait la province, la découverte de la France profonde et de ses vérités. Assister au conseil municipal d'un village ou au bal annuel des pompiers est une bonne école pour connaître les vrais désirs des lecteurs. En oubliant ce constat de base, certains quotidiens de province ont raté leur vocation. Rien de pire que la manie élitiste de recruter des éditorialistes parisiens. Une erreur, dans laquelle Robert Hersant, le patron de *L'Oise Matin*, n'était pas tombé, en recrutant un journaliste pour chaque canton. De l'information locale à haute dose, qui assura à ce nouveau quotidien un incroyable succès. Pas de service promotion, mais une revue de détail de la vie quotidienne de chaque bourgade. Une école de modestie.

Avec ce journal, Robert Hersant est entré en politique, élu maire du village de Ravenel, puis conseiller général de Clermont, puis député de l'Oise pendant plusieurs législatures. À cette époque, le département se partageait entre Marcel Dassault à Beauvais et Robert Hersant à Compiègne. Deux futurs propriétaires du *Figaro*, à la suite l'un de l'autre.

* * *

À *L'Oise Matin*, je fus successivement détaché à Breteuil, puis à Beauvais. C'est là qu'à vingt-cinq ans j'ai passé mon permis de conduire. Je n'avais pas eu les moyens de le passer plus tôt. Quand j'ai acheté ma première voiture, une 4 CV Renault, à vingt-huit ans, j'étais heureux. C'est moi qui l'avais payée. À tempérament… Aujourd'hui, dans les milieux aisés, on passe le permis à dix-huit ans, les parents vous offrent la voiture et l'essence qu'on met dans le réservoir. Une autre époque, mais je ne suis pas jaloux rétrospectivement. J'ai été vraiment heureux de m'offrir moi-même ma première auto et j'en garde un précieux souvenir. Ma 4 CV m'a emmené jusqu'à Grenade, au sud de l'Espagne, avant de se lancer dans le tour de la Sicile.

Plus tard, je me suis régalé en achetant, neuves, une Alfa Romeo décapotable, rouge vif, deux Lancia, une Alpine. Je suis devenu raisonnable à cinquante ans, lorsque j'ai disposé de ma première voiture de fonction, en devenant directeur exécutif du *Figaro Magazine*, de *Madame Figaro* et de *TV Magazine*, puis en ayant bénéficié des services d'un chauffeur, Jacques, témoin de ma vie mouvementée…

En pleine jeunesse, travailler dur pour s'acheter une voiture, ce n'est pas les travaux forcés. Seulement une récompense, lorsqu'on quitte le garage à son volant, libre, joyeux et fier de ne pas être assisté.

* * *

À Compiègne, ville de 40 000 habitants, un député-maire tout puissant, depuis 1947, Jean Legendre, classé très à droite, ancien prisonnier de guerre. Il deviendra l'ennemi juré de Robert Hersant qui, après avoir été maire de Ravenel, opte en 1967 pour la mairie de Liancourt (5 000 habitants), où il rafle avec sa liste les vingt-trois sièges du conseil municipal.

Dans l'Oise, la carrière politique de Robert Hersant, fulgurante depuis Ravenel, où il avait promis et obtenu l'adduction d'eau, se consolidait. Il sera député de l'Oise de 1956 à 1978, pendant six législatures successives, avant d'être élu député européen.

À Lamorlaye, bourg à l'entrée de Chantilly, célèbre pour le haras qui abrite les chevaux de l'Aga Khan, la France retenait le leader tunisien Habib Bourguiba en résidence surveillée dans une belle villa. On m'envoya l'interviewer. Un sacré souvenir. Le père de la Tunisie moderne foisonnait d'idées pour son retour au pays. Une entrevue cordiale et passionnante – Bourguiba gesticulait – ponctuée de thé à la menthe.

J'ai retrouvé Bourguiba, président de la Tunisie, trente ans après, dans son palais de Carthage. Il m'a fait Commandeur de la République tunisienne. Et c'est lui qui a épinglé la rosette sur ma chemise, par une chaude fin d'après-midi d'été, sous le ciel bleu de la Tunisie des beaux jours.

Hostile aux décorations françaises, souvent imméritées et distribuées aux civils sans discernement, je conserve pieusement ce témoignage d'amitié du « combattant suprême », qui me remerciait pour mes articles consacrés à son pays et à ses habitants.

Pour sa première campagne à la députation, en 1967, Hersant, sous l'étiquette radicale, présentait son programme à l'américaine, sous un chapiteau, après un spectacle gratuit.

Au menu, avant sa prise de parole, deux vedettes : Line Renaud et Luis Mariano. La foule se pressait. Il fut élu brillamment dans la troisième circonscription de l'Oise.

Lorsqu'en 2007, je me suis remarié à la mairie du 16e arrondissement de Paris, Line Renaud, la fidèle, était là, près de soixante ans après notre rencontre sous le chapiteau d'une ville de l'Oise.

À Compiègne, pas loin du somptueux palais de Louis XIV et du mémorial de l'armistice 1918, au carrefour de Rethondes, je me suis retrouvé, après un passage au service Sports, propulsé au poste de secrétaire de rédaction. Sans rien y connaître. Au « marbre », les ouvriers du livre, tous à la CGT, m'ont beaucoup aidé. J'ai appris – très mal – sur le tas une spécialité qui a permis mon ascension par la suite. Le rédacteur en chef, choisi par Robert Hersant, le gentil Marco Rouzier, piquait d'incroyables colères. Il dirigera plus tard *Paris-Normandie*.

Un après-midi, éructant, il avait jeté tout le mobilier de son bureau par la fenêtre du premier étage, avant de retrouver, aussi subitement, son calme. Et de nous inviter ensuite à dîner dans sa chaleureuse demeure, en compagnie de Maryvonne, sa belle épouse bretonne.

Mes copains, jeunes journalistes, étaient tous des déracinés comme moi. Installé à Compiègne, j'avais d'abord habité à l'hôtel, puis trouvé une chambre meublée. Les derniers mois, je rentrais dormir chez moi, en banlieue parisienne, si l'édition bouclait à l'heure et me permettait de ne pas rater le dernier train. À vingt-six ans, on est en forme pour passer six heures dans les transports. Heureusement, j'avais quitté mon premier logement parisien du 1, rue de Rivoli, à l'angle du magasin Rivoli Lino. Une pièce minuscule, mansardée, sans eau. Juste un lit et une ampoule au plafond. Seulement une toilette près du point d'eau pour une vingtaine de personnes. J'ai passé ma nuit de noces dans cette chambre sous les toits. Le vieux sommier n'a pas résisté… Un des pieds a cédé. Nous étions en travers pour le reste de la nuit. Pour vider les eaux usées, une combine : direction le toit et la gouttière.

V

Blondin se punit

À Compiègne, je végétais. Je rêvais de trouver du travail dans la capitale. Un excellent journaliste, Charles Ewald, spécialiste de l'automobile, avait échoué à la rédaction de Compiègne. Il avait des relations dans les journaux parisiens et me cherchait du boulot. Un après-midi, après le déjeuner, il me lance : « Je t'ai trouvé quelque chose. Tu démarres demain matin à Paris. Il faut savoir taper à la machine. » Je me suis enfui le soir même, laissant une lettre de démission à l'administrateur, monsieur Favier, personnage peu sympathique, dont la particularité était d'être membre d'une association de protection de la jeune fille. Ce qui m'avait toujours paru suspect.

Le lendemain, je suis à Paris. Rendez-vous au dernier étage de l'immeuble du Rex, boulevard Poissonnière. J'ai rendez-vous avec Georges Pagnoud, le rédacteur en chef de *Radar*, magazine composé uniquement de photos sépia, au tirage d'un million d'exemplaires. Je suis embauché comme légendier. Deux autres confrères, rivés à leur machine à écrire, font le même travail. Deux originaux.

Le patron du service arrive à 11 heures. Nous sommes en hiver. Il ouvre grand les fenêtres et lance, comme un cri de victoire : « Salut et fraternité ! » C'est un écrivain, Jean Loubes, homme de gauche, dont la bible est *L'Observateur*. Je demande à lui parler en privé. J'avoue : « Je voulais absolument un boulot à Paris. Je déborde de bonne volonté, mais je ne sais pas taper à la machine. Je vais m'y mettre. Je vous le promets. »

« OK ! Sans problème. Ne vous en faites pas, mais foncez. » C'est fait, mon retour à Paris est assuré. Ouf ! Jean Loubes, le merveilleux, le chaleureux, prix des Deux Magots 1946 pour *Le Regret de Paris*, garde une place dans mon cœur.

J'ai vite appris à taper. *Radar* envoyait des reporters, les « contact men », à travers le monde – Jean Noli, bientôt à *Match*, y travaillait –, seulement pour rapporter des notes et des documents. Nous, avec ce matériel, nous rédigions une légende pour chaque photo après le passage à la direction artistique, où un super doué, Jean Lagarrigue, concevait les maquettes, assisté de Mattéo, futur beau-père du grand chef du Martinez de Cannes, Christian Willer, un ami. J'étais là, de permanence à *Radar*, le soir du drame des 24 heures du Mans le samedi 11 juin 1955 : la sortie de route, puis l'explosion de la Mercedes du pilote Pierre Levegh. Le bloc-moteur projeté dans la foule : quatre-vingt-deux morts, cent vingt blessés. La course continue, mais l'équipe Mercedes, dont faisaient partie Jean-Manuel Fangio et Stirling Moss, se retire. Les photographes professionnels présents n'étaient pas au bon endroit. Toute la nuit, au-dessus du Rex, nous avons reçu des spectateurs témoins, photographes amateurs, qui avaient eu le bon réflexe. Ce dimanche soir, notre slogan « Radar était là » ne mentait pas. Les amateurs ont rempli le journal de photos exclusives. Le bolide, propulsé dans les airs, au-dessus de la foule, ce sont leurs clichés.

* * *

Mes deux années à *Radar* (les éditions Nuit et Jour possédaient également l'hebdomadaire de faits divers *Détective*) furent heureuses. Pendant les heures creuses du service, deux collègues originaux : l'un, associé à un ingénieur, dessinait des bathyscaphes, l'autre était le fils de Gaston Leroux, auteur de *Chéri Bibi*, roman-feuilleton publié en 1925 et repris après-guerre dans *France-Soir*, sous la direction de Paul Gordeaux. Il y a eu six mille deux cents bandes quotidiennes décrivant trois cents affaires criminelles. Paul Gordeaux fit travailler des dizaines de dessinateurs : Bellus, Uderzo, Jean Ache, Jean Effel, Jacques Pecnard, etc. Toujours à court d'argent, le fils de Gaston Leroux attendait avec impatience les droits d'auteur alloués à son père.

Malgré la gentillesse de Georges Pagnoud et de Jean Loubes, *Radar* n'était pour moi qu'un lieu de passage. Ma bonne étoile veillait. J'ai évoqué l'ambiance d'amitié qui régnait au service des sports de *Ce Soir*, le journal d'Aragon. Pierre Chany, le playboy du cyclisme, Jacques Marchand, le syndicaliste avisé, le secrétaire de rédaction Jacques Lemaire et tous les autres avaient rejoint *L'Équipe*, rue du Faubourg-Montmartre. Un soir, coup de fil de Jacques Marchand, meneur de la bande : « Maurice, toute l'équipe de *Ce Soir* est passée à *L'Équipe*, recruté les uns après les autres. Si vous le souhaitez, on vous attend. Vous serez le dernier à être exfiltré. »

Jacques Marchand connaissait mes opinions politiques. J'étais toujours un gaulliste militant, lui un homme de gauche. Il s'en fichait. Solidarité et amitié. Je me suis à nouveau retrouvé secrétaire de rédaction. À Compiègne, je n'avais pas fait de progrès. Rue du Faubourg-Montmartre, un champion du typomètre me prit en main, Jacques Lemaire, un crack. Six mois plus tard, j'étais devenu l'artiste de la « cage de verre » (grand bureau entouré de vitres) dressée au bout de la rédaction, sous le regard bienveillant du rédacteur en chef Gaston Meyer, le « gourou » de l'athlétisme, qui me convoqua deux ans après mon embauche pour me dire : « Maurice, pourquoi n'aimez-vous pas le sport ? »

De loin, il m'avait psychanalysé. J'aimais beaucoup le sport en débarquant à *L'Équipe*. J'avais même couru « La Médaille » au Vel d'Hiv. J'y avais rencontré – de loin – André Pousse, futur comédien, qui faisait équipe pour des courses « à l'américaine » avec Delvoye. On s'est retrouvés plus tard. Je suis devenu un habitué de son restaurant, le Napoléon Chaix, rue Balard, dans le 15e arrondissement. Et, lorsque j'ai lancé mon mensuel, *Passions*, il fut l'un des premiers à s'y abonner. Je le retrouvais parfois pour déjeuner. « Passe-moi un coup de fil, si tu viens. Je ne suis pas là souvent. » J'aimais sa fidélité et sa conversation. On se serait cru dans un film d'Audiard. Il est mort en 2005 des suites d'un accident de voiture, près de sa maison de La Garde-Freinet, dans le Var.

Mais tout cela ne me concernait plus. On me prenait pourtant pour un bon. On m'avait confié la dernière page, entièrement magazine de *L'Équipe*. Marcel Hansenne, sept fois champion de France du 800 mètres, troisième aux Jeux olympiques de 1948 à Londres, dirigeait cette page. J'arrivais à 19 heures. Le contenu de la page, photos et textes, m'attendait sur mon bureau. Je réalisais une maquette. Moins d'une heure plus tard, mon travail était terminé. J'envoyais mes textes à composer, mes photos à la photogravure et je montais la maquette à l'atelier, à l'étage au-dessus. Un typographe génial s'occupait de monter ma page, Bazire, un brin anarchiste, enthousiaste et sacré talent. Avec lui comme complice, je me suis lancé dans des mises en page effarantes. Bazire le virtuose réalisait toutes mes folies.

Au moment du lancement de la Caravelle, je souhaitais que la photo de l'avion épouse toute la largeur de la page. Avec l'informatique, un jeu d'enfant. Mais, à l'époque – encore – de Gutenberg… Pour bloquer les morceaux de zinc reproduisant l'avion et pour les maintenir dans la page, Bazire avait dégoté une louche pour puiser du plomb en fusion et le répartir autour de l'appareil. Un type de génie pour une page d'anthologie. On me croyait très doué, alors que je n'étais qu'un aventurier de la mise en page. L'artiste, c'était mon super typo, fier de lui et admiré. Un Compagnon du devoir exerçant un métier d'art.

Ça marchait donc pour moi. J'étais bien vu. Jacques Goddet, le grand patron du journal, également directeur du Tour de France, m'avait félicité pour la Caravelle et avait quitté son bureau pour me le dire. Une belle vie, deux heures de boulot par jour. Je quittais *L'Équipe* à 22 heures au plus tard, avant mes camarades. À 23 heures, je dînais chez moi. Sacrée routine tout de même !

* * *

Secrétaire de rédaction à *L'Équipe*, je « montais », pendant le Tour de France, la page où se trouvait, en haut et sur la moitié de la surface, la chronique d'Antoine Blondin. Il la téléphonait aux sténos de presse après l'arrivée de l'étape, mais je me souviens de certaines, écrites à la plume, où la calligraphie était impressionnante. Une écriture appliquée, tout en rondeur. Des mots raccrochés à d'autres mots, roulant sur la feuille de papier. Les formules de l'auteur d'*Un singe en hiver* coulaient comme une bille épousant les contours d'une trajectoire.

Avec Blondin, la direction du journal se méfiait. Tous les soirs, les responsables craignaient qu'il ne livre pas sa chronique. Il y avait donc toujours un article prêt pour la remplacer en cas de défaillance. Une méfiance inutile, car l'écrivain vedette n'a jamais failli tout le temps de ma présence au quotidien sportif. Son texte a toujours été livré à l'heure. Ses débordements avaient éventuellement lieu après l'envoi de sa copie. Je peux affirmer que Blondin était ponctuel pendant le Tour.

Blondin se punit

Le Tour de France terminé, Antoine passait quelquefois dire bonjour aux copains. Il ne montait pas dans les étages. Il téléphonait du bar de *L'Équipe*, au rez-de-chaussée dans la cour du journal, rue du Faubourg-Montmartre, prolongement de la brasserie du Vieux Gaulois, rendez-vous du Tout-Paris sportif.

Ce jour-là, Blondin passe vers 18 heures. Il téléphone du bar. Je descends avec Claude Muller, autre secrétaire de rédaction. Antoine nous attend avec deux jeunes femmes qui n'ont pas quitté leur manteau de fourrure. Ils boivent, debout, de la bière à la pression. Des chopes. On trinque bruyamment. Les verres s'entrechoquent. De la bière gicle sur le manteau d'une des jeunes femmes. La bière d'Antoine. Chacun s'excuse platement : «Ce n'est pas grave», répond l'intéressée. Blondin déclare, solennel : «Je vais me punir.» Et se retourne sa chope d'un demi-litre sur la tête…

* * *

À la fin de ma troisième année rue du Faubourg Montmartre, un appel téléphonique. Louis Chardigny, rédacteur en chef, secrétaire général de la rédaction de *France-Soir*. Il souhaite me voir. Deux jours plus tard, je suis dans son bureau. *France-Soir* lance une édition montée la nuit. Il a repéré mon travail à *L'Équipe*. J'ai deux jours pour me décider. Il souhaite m'embaucher comme secrétaire de rédaction. Début du service : 21 heures ; fin : 5 heures du matin, le lendemain. Un enfer, mais je ne le sais pas encore. Là, je m'embarque pour une aventure unique.

À *France-Soir*, les secrétaires de rédaction et leurs chefs directs sont des notables. Ils relisent vraiment la copie, trouvent les titres, réalisent les maquettes. Et les rédacteurs en chef « techniques » font le journal, en direct avec Pierre Lazareff.

Finalement, en arrivant à *France-Soir*, je ne savais pas faire grand-chose. À *L'Équipe*, j'étais pourtant le numéro deux de mon service. À *France-Soir*, tout bonnement le numéro zéro. Dur, dur ! D'autant que certains chefs de la rédaction technique traitaient les nouveaux arrivants comme des chiens. L'un d'eux, portant le nom d'un oiseau parisien familier, était particulièrement mauvais et humiliant. J'ai eu l'occasion de prendre ma revanche vingt ans plus tard. Membre du conseil de direction d'un établissement, et disposant de ce fait d'un droit de veto pour les recrutements, on me soumet le nom de mon bourreau de l'époque pour un poste relativement important. J'ai levé la main, exerçant mon droit de veto. Il est resté aux Assédic. Je n'ai fait que suivre saint Augustin dans son adresse aux Hébreux, chapitre IV : « Un péché ne demeure jamais impuni. »

Pour pénétrer à la rédaction du grand *France-Soir*, tirage un million d'exemplaires à l'époque, il fallait monter au premier étage du 100, rue Réaumur. Tout de suite, le bureau des grands reporters. Le jour de mon arrivée, j'ai aperçu deux personnages imposants, par leur carrure et leur notoriété : Joseph Kessel et Lucien Bodard. De quoi être impressionné. Mais l'un comme l'autre avaient su rester simples. Lorsqu'il a couvert la guerre d'Indochine, Lucien actualisait ses papiers pratiquement toute la journée. À chaque édition – il y en avait alors six ou sept par jour –, ses articles étaient remaniés, chahutés par les rewriters maison qui réadaptaient, complétaient les textes de l'édition précédente.

De notre envoyé spécial, Lucien Bodard : finalement des bouts d'articles collés les uns aux autres. Aujourd'hui, les rédacteurs qui renâclent lorsque leur papier est coupé, puis amélioré, me font sourire. De retour à Paris, Lucien Bodard n'a jamais fait une remarque en constatant combien sa prose avait été triturée avec habileté.

Kessel, quant à lui, avait, peu après mon arrivée, entamé une série d'articles passionnante sur les Alcooliques anonymes américains, dont l'association n'existait pas encore en France.

En tout cas, travailler près de tels personnages obligeait à se surpasser. La motivation venait en les regardant vivre.

* * *

À l'époque, l'élite des journalistes français travaillait à *France-Soir*. En France, comme à l'étranger, à tous les niveaux de la rédaction, les postes-clés du *desk* (ceux qui relisent et corrigent les textes) étaient tenus par de sacrés talents. Il y avait trois grandes équipes techniques, qui se relayaient nuit et jour (les trois/huit). Lorsque j'ai quitté *France-Soir*, après dix ans de promotions successives, je dirigeais, en tant que rédacteur en chef, une de ces équipes. Celle de la CA, là où j'avais démarré au bas de l'échelle. Nous étions tous copains et rivaux à la fois. Quand nous quittions la rue Réaumur à 6 heures du matin, après douze heures de boulot, nous faisions la fête. Nous allions souvent dîner rue Jean-Jacques-Rousseau, à L'Épi d'or, le bistrot qui vient d'être repris par le chef deux étoiles Jean-François Piège.

Nous y retrouvions des chanteurs à la mode, comme Maxime Le Forestier, et des acteurs de la Comédie française, des grands flics, des chauffeurs de taxi et des femmes du monde. Piège ne peut s'imaginer ce qu'était son restaurant à cette époque. Un seul serveur, la nuit, pour la grande salle. Sur un plateau, des assiettes entassées, les unes sur les autres. Une pile comme la tour de Pise. Penchée. Bien calées, les assiettes ne bougeaient pas et arrivaient à destination.

Et, à 5 heures du matin, la clientèle, joyeuse, se régalait.

* * *

Écrire, il faut en avoir envie, s'entraîner. L'assurance vient en écrivant et en lisant beaucoup. Comme la natation ou l'amour, plus on pratique, meilleur on est. Le talent, c'est autre chose. Hélas, le talent ne s'apprend pas, on s'entraîne seulement à raturer, et il ne faut pas s'en priver. D'ailleurs, lorsque l'on découvre les manuscrits des écrivains célèbres, ça rassure : ratures, surcharges. L'homme qui écrit n'est jamais content, il sait qu'il peut toujours faire mieux.

Ce préambule pour avouer que ce qui me passionne dans les journaux, ce n'est pas d'avoir mon nom à la fin d'un article, ça passe… C'est de « faire » un journal, de l'inventer, le construire. De plancher sur un titre, y passer la nuit, se lever pour noter, de choisir LA photo, après en avoir visionné deux cents, trois cents, mille. D'admirer une belle mise en page.

À la grande époque de *France-Soir*, le titre de rédacteur en chef technique était un incroyable tremplin. Il menait aux sommets. Pierre Lazareff exigeait que tous les chefs d'édition aient été rédacteurs en chef techniques. Comme un patron de garage doit avoir été mécano.

Charles Baudinat, qui a manqué de succéder à Lazareff, a été le modèle d'une génération. Il était le meilleur de ceux qui savaient tout faire. Par mon intermédiaire il a failli entrer au *Figaro*, mais il voulait retourner à *France-Soir* (déjà en perdition). Une obsession.

* * *

Si je suis devenu directeur exécutif du *Figaro Magazine*, de *Madame Figaro*, de *TV Magazine* en 1978, c'est parce que, moi aussi, je savais faire un journal. Vraiment tout faire. Génial nulle part, mais bon partout. Robert Hersant était un homme de presse, comme il n'y en a plus. Lui aussi connaissait tout des journaux. Il savait composer un titre, choisir une photo, dessiner une mise en page. Impossible de le rouler ! Il connaissait même parfaitement le fonctionnement des rotatives, leur marque et le nombre de leurs sorties.

La passion des journaux ne m'a jamais quitté. J'ai lancé *Maisons de campagne*, aidé par une promotion sur Europe 1, et Maurice Biraud, alors animateur vedette, photographié avec son âne dans sa maison au toit de chaume de Goupillères.

Ensuite, avec un confrère, Pierre Doulcet, nous avons fondé *Vacances Magazine*, puis un quotidien du tourisme, deux ans plus tard : *VM7* et un mensuel destiné aux jeunes, *GO*.

Ma dernière folie, ce fut *Passions* (Gastronomie et tourisme). J'étais un patron minoritaire. J'avais offert la majorité des actions aux collaboratrices qui s'étaient lancées à plein temps dans l'aventure, dont ma vieille complice, Valérie Faust, aujourd'hui spécialiste du vin au *Figaro*.

Pour m'aider, avant la disparition du titre après dix ans d'existence, mon cher ami Jean Didier, le plus grand imprimeur d'Europe, a tiré gratuitement les derniers numéros. Il est mort en décembre 2012. Je lui ai dit adieu dans un coin perdu de la France, à Pommier-de-Beaurepaire, là où il était né. Entouré de ses copains d'enfance, modestes ouvriers et paysans venus rendre hommage à l'imprimeur milliardaire, résidant en Suisse. Il avait fait restaurer l'église du village, sa dernière étape.

Avec tous ces journaux, j'ai perdu tout l'argent que je gagnais comme journaliste, mais ce fut un bonheur et un défi. Tous ces titres modestes, diffusés comme les plus grands magazines, je les ai financés alors que j'étais simple salarié. Toutes mes économies y sont passées… Et, franchement, j'en suis heureux. Face aux mastodontes des grands groupes, j'existais vraiment. Et, incroyablement, j'ai été, comme éditeur propriétaire, l'objet d'une considération qui m'étonne encore…

VI

La Mercedes de Jean d'O.

Lorsque je suis arrivé au *Figaro*, 37, rue du Louvre, à Paris, en 1976, j'avais un bureau au deuxième étage, au-dessus du garage où j'avais – exception – une place de parking. Jean d'Ormesson en était le directeur. J'assistais à la conférence de 10 heures des rédacteurs en chef et chefs de service. Sans fonction officielle au *Figaro*, mais considéré comme « l'œil d'Hersant » par la plupart de mes confrères. J'avais été engagé comme rédacteur en chef par le nouveau propriétaire, mais sans affectation particulière, avant d'être nommé, avec Louis Pauwels, au supplément culturel du samedi. Ma présence intriguait, on se méfiait. On ne se bousculait pas pour me serrer la main. Max Clos, le rédacteur en chef, hautain et imbu de ses fonctions, m'ignorait et se montrait désagréable en permanence. Il détestait les nouveaux venus et s'inquiétait.

Mon statut était spécial. Autour de moi, les journalistes percevaient quinze à dix-sept mois de salaire annuel, alors que je devais me contenter du mois double de décembre. En effet, les nouveaux arrivants allaient dorénavant être recrutés par une agence, satellite du *Figaro*, l'AGPI, ce qui permettait de ne pas leur accorder les avantages des « anciens ».

Il faut dire que, lorsque Robert Hersant avait repris *Le Figaro*, la faillite menaçait. Les propriétaires successifs n'avaient même pas été capables d'acheter l'immeuble mythique du rond-point des Champs-Élysées. Le nouveau patron, honni par une grande partie de la rédaction de l'époque, qui ne le connaissait pas, allait, malgré les oppositions, permettre de boucler les fins de mois.

J'étais mal considéré, mais à un merveilleux poste d'observation. Bien sûr, le moment fort, c'était l'arrivée de Jean d'Ormesson, le matin. Souvent en retard, la conférence, où l'on composait le journal du lendemain, commençait sans lui, dirigée, en l'attendant, par le rédacteur en chef. La réunion avait souvent démarré lorsqu'il poussait la porte. Pas au courant des discussions en cours, il avait bien sûr du mal à intégrer le débat.

J'observais, intrigué. Souvent d'Ormesson n'avait vraiment pas l'air au fait de l'actualité. Je pensais : « Bizarre qu'il n'écoute pas la radio en arrivant au journal… »

D'Ormesson pratiquait alors l'esquive. « Ne discutons pas, disait-il à ses interlocuteurs. J'organise une réunion restreinte sur le sujet dans mon bureau, à la sortie de la conférence. » Le temps d'être dans le coup !

Je pense que l'actualité quotidienne n'intéresserait guère l'académicien, qui fut directeur du *Figaro* de 1974 à 1977. N'avait-il pas déclaré à *Nice Matin* :

« Je crois beaucoup à l'ignorance, qui est le plus grand des savoirs. Le savoir, c'est important, mais, devant la mort, il n'a aucune utilité » ?

Nous étions installés dans le célèbre immeuble en forme de bateau construit à la demande de Jean Béghin, avant-guerre, pour installer *Paris-Soir*, quotidien tirant un million et demi d'exemplaires, qu'il possédait avec Jean Prouvost. Le mariage du sucre (Béghin) et de la laine (Prouvost). Les architectes : Fernand Leroy et Jacques Cuny.

Après la Libération, l'immeuble abrita *L'Humanité* et le quotidien d'Aragon *Ce Soir*. Plus tard s'y installa l'excellent *Paris-Presse*, où travaillaient, entre autres, Henri Gault et Christian Millau. Puis *Paris-Jour*, appartenant à l'éditeur italien Cino Del Duca, où mon copain Jacques Chancel était le patron de la rubrique « parisienne », page d'échos sur les spectacles, le cinéma, les affaires et les mondanités. Une page qui essayait de copier celle, quotidienne, de la célèbre Carmen Tessier, dans *France-Soir*, et ses « potins de la commère ». Pierre Lazareff lui avait donné comme modèle les célèbres échos mondains d'Elsa Maxwell, aux États-Unis, dont les journaux étaient friands et qui, jusqu'à sa mort, le 1er novembre 1963, publia plusieurs livres « d'indiscrétions mondaines ».

* * *

Jean d'Ormesson est donc resté quatre ans à la tête du *Figaro*. Il n'était pas habitué aux carcans. Être bloqué tous les jours rue du Louvre, dès 10 heures du matin, était une situation difficile pour ce faux dilettante.

Un sacré personnage tout de même. À l'époque où je préparais *Le Figaro Dimanche*, précurseur du *Figaro Magazine*, avec Louis Pauwels et Patrice de Plunkett, il traverse notre immense salle de rédaction, croise une collaboratrice vraiment magnifique et, m'apercevant non loin, s'approche et me lance : « Dites-moi, à qui appartiennent ces jolies fesses ? » Plus tard, elles ont appartenu au fils d'un ambassadeur de France, avec lequel elle s'est mariée.

Sur cette remarque impertinente, d'Ormesson prend l'ascenseur. Mon bureau est en face. Intrigué et admiratif, je le vois partir. Seulement deux étages à descendre. Je vais à ma fenêtre. Je vois notre directeur sortir, traverser la rue pour rejoindre son garage : une seule place pour lui tout seul. J'observe. Sa Mercedes décapotable recule. Jean d'O. regarde dans son rétroviseur. Une jolie fille est au volant d'une toute petite voiture. Mais le feu va bientôt passer au vert. Il sort rapidement de sa voiture, interpelle la conductrice, lui parle… et part avec elle. Sa Mercedes restera sur le bateau de son garage face à l'immeuble du journal.

Je suis estomaqué ! Un sacré prince charmant. Le sourire, les yeux bleus, les rides. Et le charme, surtout le charme. Immense…

Robert Hersant et Louis Pauwels ont voulu la signature de Jean d'Ormesson dès le démarrage du *Figaro Magazine*, en 1978. Hersant m'a demandé de concevoir une maquette originale. « La chronique du temps qui passe » de Jean d'Ormesson, je l'ai présentée sur une double page, comme les pages d'un livre. Franchement, je trouvais mon travail nouveau et élégant. Jean d'O. savait que j'étais celui qui avait valorisé son texte. Je l'ai souvent rencontré à l'époque. Pas le moindre avis, le moindre compliment, le moindre merci. Cette indifférence m'a peiné.

Je n'ai plus beaucoup revu cet écrivain comblé, qui savait si bien trouver le titre de ses romans, en piochant dans les poèmes d'Aragon, dont il était un admirateur et un défenseur. Souvenez-vous : *C'est une chose étrange que le monde, N'ayant plus sur la lèvre un seul mot que merci, Et toi mon cœur pourquoi bats-tu.*

Notre dernière rencontre m'a laissé un magnifique souvenir. C'était à l'occasion de l'anniversaire de mon cher Franz-Olivier Giesbert – soixante ans. Il le fêtait au restaurant Le Petit Pergolèse d'Albert Corre. Il y avait du beau monde. Jean d'O. sortait de l'hôpital. Pâle, mais joyeux. Il est venu vers moi. « Asseyons-nous », m'a-t-il dit. Depuis notre première rencontre, voilà longtemps, c'était notre première conversation. Nous nous étions retrouvés. Il m'avait enfin reconnu. La fraternité régnait. Il venait de réhabiliter ma maquette de sa « Chronique du temps qui passe » !

C'est Yasmina Reza qui a interrompu notre tête-à-tête dans ce coin de salle bruyante. Elle venait le chercher pour danser. Les yeux bleus se sont levés vers elle. Il lui a pris la taille et s'est élancé, rejoint par Fadela Amara, pour un rock à trois…

Depuis, je pense souvent à lui et à ses remarques percutantes. On lui demandait s'il préférait l'enfer au paradis. Sa réponse : « Pour le climat, je choisis le paradis, mais pour la compagnie, je préfère l'enfer. »

* * *

Louis Pauwels et moi ne nous sommes pas quittés pendant dix-sept ans, de 1976 à 1993. *Le Figaro Magazine* nous a mariés. Samedis, dimanches et fêtes, nous nous sommes vus. J'ai admiré Louis, je l'ai aimé. J'ai mis du temps à le détester.

Prélude au *Figaro Magazine*, nous avions réalisé ensemble le supplément culturel du *Figaro* pendant près de deux ans. Puis l'éditeur, Robert Hersant, l'a nommé directeur du *Figaro Magazine*, créé en 1978. Dans la foulée, je suis devenu directeur exécutif de l'hebdomadaire.

Pauwels avait dirigé *Combat* bien après Camus. Les lecteurs n'étaient plus là. Puis le féminin *Marie France*. Mais son titre de gloire n'était pas là. Son livre, *Le Matin des magiciens*, écrit avec Jacques Bergier (Gallimard, 1960), s'était vendu à plus d'un million d'exemplaires. Un manifeste du réalisme fantastique.

Lorsque j'ai compris que je lui faisais de l'ombre, j'ai été stupéfait. Un matin, Hersant m'appelle, jubilatoire : « Vous n'avez pas que des copains. J'ai reçu un coup de fil incendiaire hier soir. On vous en veut. »

Moi qui ai toujours cru bêtement que tout le monde m'aimait, je m'interroge. Je cherche à connaître le nom de mon détracteur. Robert Hersant ne lâche rien. L'entretien téléphonique dure trois quarts d'heure. Je relance, biaise. Rien à faire, je n'en saurai pas plus.

Je fulmine, lorsque Hersant me lance :» Vous n'avez pas deviné ? C'est pourtant facile ! » Je réplique : « Ce n'est tout de même pas Louis ? » « Euréka, rigole le patron. Vous avez trouvé. »

Je suis stupéfait. Comment puis-je lui faire de l'ombre ? Depuis notre première rencontre en 1975, je lui suis d'une fidélité absolue. On se dit tout. On ne se quitte pas. On ne frappe même pas quand on vient se voir dans nos bureaux.

Vraiment, l'idée ne m'est jamais venue de le supplanter. Nous ne sommes pas dans le même créneau. Je dis à Hersant : « Il est cinglé ! » Sept à huit ans plus tard, le patron, qui ne vient jamais dans l'immeuble du *Fig Mag*, rend visite à Pauwels. Ils vont déjeuner. Passant devant la porte de mon bureau, il s'arrête et dit : « Je vais dire bonjour à Beaudoin. » J'accueille le patron. C'est l'été. Je porte une veste jaune canari. Hersant fait signe à Louis et lui dit : « Comment voulez-vous que nous luttions avec ce type. Vous avez vu son allure ? » Je me dis que mon voisin de palier ne doit pas être heureux.

Il est jaloux de moi et je n'en reviens pas.

* * *

Depuis le lancement du *Figaro Magazine*, nous logeons dans un immeuble d'angle face à celui du *Figaro*, au septième étage du 83, rue Montmartre. Un étage et une douche pour nous deux. Louis, un immense bureau, une, puis deux secrétaires ; moi, un grand bureau, cinq fenêtres en demi-cercle, trois secrétaires. J'étais le directeur exécutif du *Figaro Magazine*,

Madame Figaro, *TV Magazine*, auteur de la maquette de départ de ces trois publications.

Dans le petit hall, devant mon bureau, nous projetons les photos. Depuis le premier numéro, c'est moi qui sélectionne et choisis celles du numéro en cours. J'appelle parfois Pauwels pour lui montrer ma sélection, mais l'homme de l'image, c'est moi, et il me laisse faire. Il m'avait dit « Maurice, on va faire le plus beau journal du monde ». Il avait beaucoup de goût et l'œil rompu aux belles choses. Une allure folle, des houppelandes l'hiver, des costumes ajustés : l'élégance anglaise. Après qu'il avait été élu à l'Académie des beaux-arts, le soir, il se douchait, passait son rutilant habit vert et ne pouvait s'empêcher de pousser ma porte avant de partir pour une réception. Superbe ! Quelle allure ! Grand, mince, élancé, vraiment un beau mec. En passant me voir, il cherchait les compliments…

Louis Pauwels, un personnage complexe, au raisonnement parfois tordu. Brave type un moment, puis vrai salaud. En réalité, pas bien dans sa peau. Il avait une haute idée de lui-même. Fils d'un bourgeois belge, mais élevé par un cordonnier, il avait réussi. Plusieurs postes dans la presse, avant d'inventer *Le Figaro Magazine*, pensait-il.

* * *

Mais le véritable inventeur, ce fut Hersant. On n'a jamais eu un homme de presse de ce niveau, sachant tout faire dans le domaine des journaux. Hersant savait écrire, rédiger un titre, choisir et cadrer une photo, avoir une idée de la mise en page. Dans le hall, devant mon bureau, nous avons passé des vendredis après-midi et des dimanches à regarder des diapositives projetées sur un écran. Il avait l'œil. Il savait exactement ce qu'il voulait.

Le vendredi matin, journal en main, il me téléphonait à 9 heures. Et feuilletait les pages. Impitoyable.

J'avais au tout début publié un reportage tourisme sur Rio, la baie, les plages. À distance, je le sentais s'agacer. Au bout du fil, il me lance : « Dites-moi, lorsque vous partez en vacances, que recherchez-vous ? » Je réponds immédiatement : « Le soleil, la mer, le ciel bleu, le rêve… »

Dans mon écouteur, un hurlement. Hersant explose : « Je savais que vous me trahissiez ! Regardez vos photos. Mer noire, ciel gris. De la merde ! » J'avais eu le tort de trouver ces photos « artistiques ». Une terrible erreur. Il ajoute : « Pour rêver, il faut du ciel bleu. » À compter de ce moment, j'ai décidé que les nuages n'existeraient plus et que les ciels seraient toujours limpides.

Le « bleu Hersant » est devenu une légende répandue à l'extérieur. Mais nous n'étions pas à l'époque de la photo numérique. On ne pouvait pas trafiquer les photos comme aujourd'hui. La photogravure pouvait, malgré tout, remédier grossièrement au problème. Je faisais détourer les photos pour supprimer les nuages. Et, à leur place, il suffisait de déposer un ciel bleu « mécanique ». Au début, sans nuances ni dégradés. Pas terrible, mais bleu… Je me suis toujours souvenu de l'engueulade.

Dès le premier numéro du *Figaro Magazine*, il m'a nommé directeur exécutif. Je ne m'y attendais pas. Il me l'a proposé sur un petit morceau de papier que je conserve précieusement. Je le remercie et il me dit : « Les Américains utilisent beaucoup ce titre. » Par écrit, il avait ajouté : « Ça vous va? Sinon, trouvez autre chose. » Ajoutant, oralement : « Directeur exécutif, c'est aussi celui qui se fait exécuter… »

Il a rarement piqué des colères. Pas facile de répliquer. Mais, en fin d'année, ma prime, minuscule au départ, n'a pas cessé d'augmenter. Il surveillait personnellement les salaires des trois journaux que nous dirigions. Nous devions justifier les augmentations que nous proposions dans une colonne prévue à cet effet.

Une fin d'année, j'avais demandé une augmentation pour une collaboratrice. Elle était venue un dimanche au journal pour projeter des photos qu'il voulait voir. La voyant s'activer, Robert Hersant, étonné, m'avait questionné : « Vos collaborateurs acceptent de venir travailler le dimanche. Comment faites-vous ? » Je n'avais pas de secret, mais mon équipe proche a toujours été solidaire et fonctionnait comme moi : toujours disponible.

Lorsque les demandes d'augmentations sont revenues, accompagnées de sa signature, la somme que j'avais demandée pour cette jeune femme était rayée. À côté, en rouge, Robert Hersant avait doublé la somme. Peu de PDG ont ce genre d'attention.

* * *

Pauwels était journaliste, écrivain, homme du monde. Grand, beaucoup d'allure, derrière ses lunettes et sa pipe. Il fumait du tabac blond que son chauffeur achetait et payait de sa poche en début de semaine. Élina Labourdette, son épouse, comédienne, le remboursait le vendredi soir...

Louis connaissait beaucoup de monde. Au début, l'extrême droite venait, comme Alain de Benoist et Jean Ferré. Plus tard, il s'enticha de Jean-Edern Hallier et de quelques intellectuels de gauche, comme Jean Ellenstein, ancien membre influent du Parti communiste, qui obtint une chronique régulière. Ça bougeait donc, au septième étage du *Figaro Magazine.* Les personnalités se succédaient, certains passaient me dire bonjour. Le révérend père Bruckberger, tout de blanc vêtu, avait ses habitudes en fin d'après-midi. Madeleine Renaud et Jean-Louis Barrault rendaient visite régulièrement.

Et Jean Piat ne manquait jamais de frapper à ma porte. Souffrant lui aussi d'une sciatique, il m'avait sauvé en me conseillant de nager sur le dos. Je me rendais à la piscine du Cercle Interallié tous les deux jours à 7 heures du matin, pour être présent au *Figaro* à 9 h 30.

Au septième étage donc, il y eut une époque de belle effervescence. Députés, ministres, écrivains, une véritable cour venue se faire voir, espérant une interview, un article.

Louis Pauwels était un fervent supporter de Giscard qui eut droit à la première couverture du *Figaro Magazine.* Il rêvait de l'Académie française mais ne faisait rien pour faciliter son élection. Je lui avais conseillé d'inviter les académiciens, ses futurs électeurs, à tenir, à tour de rôle, une chronique dans le magazine. Trop sûr de lui, sur son piédestal, il n'écoutait rien et refusait même de faire les traditionnelles visites.

C'est l'académicien Michel Droit, salarié au *Figaro*, qui s'occupa de sa « campagne ». Louis fut battu. Il se contenta ensuite de l'Académie des beaux-arts en 1978, où siégeait l'un de ses amis peintres, Pierre-Yves Trémois, grand prix de Rome en 1943, illustrateur de Jean Rostand et de Montherlant. Un artiste aussi affable qu'exigeant.

* * *

Je l'écris sans modestie : Michel Laclos, le pape des mots croisés, me doit sa notoriété. Lorsque nous avons lancé *Le Figaro Magazine* en 1978, Robert Hersant et Louis Pauwels souhaitaient une grille de mots croisés chaque semaine. Sur le marché, il y avait, pour la réaliser, Max Favalleli, Robert Scipion et quelques autres. Du déjà-vu ! Michel Laclos, peu connu, officiait dans les parages. Je le connaissais. Dix ans plus tôt, il avait travaillé avec moi et ça avait mal tourné.

Voici l'histoire. Devenu rédacteur en chef de *Télé Magazine* (cinq cent mille exemplaires), j'ai hérité de toute son équipe, dont Michel Laclos, spécialiste du cinéma. Peu après mon arrivée, je lui demande un article sur un film programmé sur la première chaîne. Il refuse et m'explique : « Impossible ! Je suis spécialiste du cinéma fantastique et ton film est une comédie classique. » Surpris, j'encaisse l'incroyable réponse. Je pense que Laclos se fiche de moi. Peut-être veut-il me tester ? Je viens d'arriver. Je n'hésite pas. Je le licencie.

Les années passent. Jusqu'au jour où, au *Figaro Magazine*, je cherche un spécialiste des mots croisés pour le lancement du journal. Année après année, Laclos a fait du chemin. Je l'appelle. Il y a prescription. Il répond, enjoué : « Salut, Maurice, ça va ? Depuis le temps… » Pas un mot sur notre différend. « Veux-tu travailler avec moi ? » Sans hésiter, il réplique « OK ». Une grille de Michel Laclos paraîtra dans le premier numéro du *Figaro Magazine*. Puis une autre dans *Madame Figaro*.

Et quand je prends les rênes du *Figaro TV*, le 19 janvier 1987, les mots croisés de Michel Laclos débarquent immédiatement dans cet hebdomadaire, tiré à plus de cinq millions d'exemplaires.

Le Figaro Magazine et *Madame Figaro* vendaient alors plus de cinq cent mille exemplaires chacun par semaine. Michel Laclos disposait donc d'un potentiel de six millions de lecteurs. Cette fois, il filait vers la célébrité.

Pour les amateurs de mots croisés, il est devenu un dieu. Personne ne l'a jamais égalé. Culture, esprit, gamberge… Ses fans admirent ses définitions uniques, sorties du crâne bien rempli de ce manipulateur des mots. Ses grilles ne sont pas réputées faciles, mais ceux qui les réussissent se sentent plus intelligents et s'en vantent.

Au cours de mes voyages, les expatriés m'interrogeaient : « Vous travaillez dans le journal de Laclos ? » Pour eux, ses grilles, c'était un coin de France. La nostalgie les accompagnait. Je me souviens… À Carmel, aux États-Unis, la ville dont Clint Eastwood fut maire, à Manille, à Moncton, au fin fond de l'Acadie canadienne, à Udaipur, devant le Lake Palace, des Français m'ont interpellé : leur bonheur ? La torture hebdomadaire de Michel Laclos.

Ses définitions : « point de vue » : cécité ; « passé depuis peu » : hier ; « jus de poire » : lavement ; « n'a vraiment rien à regretter » : amnésique ; « il ne sait pas sur quel pied danser » : mille-pattes…

Pour ses fans, Laclos se révélait médecin malgré lui, puisque « le cerveau est un miracle qui se maintient grâce à l'exercice ; le faire fonctionner divise par deux le risque d'Alzheimer ». Mieux que des vitamines, les grilles. Ce géant baraqué, barbu, sourire ironique, impressionnait. Son regard explorait et vous transperçait. Avant que son rire en cascade ne déferle. Ce fils d'ouvrier métallurgiste avait travaillé en usine avant de se lier avec André Breton et les surréalistes. Pour lui, le « promis à la fosse commune », c'était un instrumentiste et le « canard vivant », le journal télévisé.

Il a fermé ses grilles pour une autre galaxie, où il a du temps pour ruminer une phrase de Romain Gary : « La mort est un truc que l'on ne peut pas imaginer. Il faut y être pour comprendre. »

* * *

Dès le premier numéro du *Figaro Magazine*, une chronique avait été attribuée à un collaborateur célèbre du *Figaro*, James de Coquet. Le baron James, comme le surnommaient des collaborateurs insolents. Les chroniqueurs devaient avoir leur photo en tête de chronique. James de Coquet vient me voir : « Je n'ai pas de photo, cher confrère. » Je lui envoie un photographe, mais, partant pour l'étranger, il ne peut choisir. C'est moi qui sélectionne toutes les photos du magazine. Je le rassure : « Je prendrai celle qui vous met le plus en valeur. »

Photos en main, je passe du temps à décider celle qui accompagnera sa chronique. Plus très jeune, des taches brunes sur le visage, je m'applique à trouver le meilleur profil. Les premiers numéros paraissent. Le « baron » est à l'étranger. À son retour, il fait irruption dans mon bureau, furieux.

« Vous m'avez trahi, s'indigne-t-il. Je suis horrible. On se demande si vous ne l'avez pas fait exprès. » Je n'arrive pas à le calmer. Alors, je lui dis : « Je vais vous donner toutes les photos et c'est vous qui allez choisir. » Ce qu'il fait. James de Coquet m'indique son choix. Je ne bronche pas. Je le regarde, lui et le cliché qui a sa préférence…

James de Coquet, l'aristocrate, le vieux monsieur qui sort toujours entouré d'un essaim de jolies filles, a choisi sa photo. Là où il est le moins avantagé, le plus laid, le plus triste. Suffoqué par ce choix, je ne dis rien. Je trouve qu'il se voit d'une drôle de façon. Je me pose des questions : mon miroir reflète-t-il vraiment le meilleur de mon physique ? Lorsque, sur un cliché, je me trouve « pas mal », est-ce bien moi que ce visage reflète ? Je suis peut-être plus moche que je ne pensais. Bizarre !

En tout cas, tant que James de Coquet a figuré dans les dernières pages du *Figaro Magazine*, la photo qu'il avait choisie est restée en tête de sa chronique. James est venu me voir peu après pour me remercier de l'avoir laissé choisir. Je conserve de lui des cartes charmantes, où il me dit son amitié dans une élégante calligraphie.

Je les garde dans mon sanctuaire des amis, relisant quelquefois leurs messages avec un bonheur empreint de nostalgie.

Comme Yves Montand, chantant les vers de Prévert, je pourrais dire à l'élégant James de Coquet : « Tu vois, je n'ai rien oublié des jours heureux où nous étions amis. » Je n'étais pas le copain du « baron » James, mais j'étais fier que ce grand journaliste m'ait parfois témoigné ce qui ressemblait à de l'affection.

Je me rappelle le titre d'une de ses chroniques : « Requiem pour un carré d'agneau ». Superbe titre qui m'interpelle. Le samedi de la parution, je pense à ce « requiem » de James de Coquet. Il cite un boucher, fournisseur de l'Élysée, à l'époque, qui va bientôt fermer sa boutique de la rue de Sontay, débouchant sur la place Victor Hugo, dans le 16e arrondissement. Dans ma tête, ce titre a fait tilt. J'y repense. Le samedi, je prends ma voiture pour apercevoir ce boucher qui va disparaître. Et je suis triste. Je veux participer à ce requiem. Je reste planté devant la boutique pendant un quart d'heure. Du monde, pour une dernière fois. Je songe aux efforts de ce boucher pour parvenir à cette notoriété. Ses clients ont été heureux de déguster son rôti de bœuf, son gigot, sa bavette. Je suis là. En réalité, je me recueille. Je pense à James de Coquet, écrivain, fouinard, découvreur. Son carré d'agneau mérite le respect. Et une minute de silence, admiratif…

VII

Florence Arthaud et les filles sur un bateau

Robert Hersant rêvait d'une grande série d'été pour le magazine. Ce fut en 1983 le démarrage de «Cinq filles sur un bateau». La première année, recrutement de quatre mannequins, une jolie fille en guise de skipper, des escales de rêve. Un vrai succès, mais de nombreuses critiques. *Le Canard enchaîné* s'en donne à cœur joie devant ces matelots, trop belles pour être vraies.

En septembre, Hersant me convoque. Il m'interroge sur l'opération de l'été. Je lui fais part de mes doutes sur son manque d'authenticité. Je lui dis : «Il faudrait, au moins, un vrai skipper. Pourquoi pas Florence Arthaud ?» La fille de l'éditeur fait parler d'elle depuis peu. Le patron me lance, narquois : «Je ne vous ai pas attendu pour y penser. J'ai vu son père, sa mère, la fille. C'est un non catégorique.»

Hersant a toujours toléré mes écarts de langage. Je lui réplique : «Vous avez peut-être manqué de charme pour la convaincre. Je m'en occupe.»

Revenu dans mon bureau, je dis à Chantal, mon assistante des débuts : « Essaie de m'appeler une fille, injoignable, du nom de Florence Arthaud. Je n'ai pas son numéro. Débrouille-toi. » Une demi-heure plus tard, un miracle : Florence est au bout du fil. Bien sûr, elle est au courant des nombreuses démarches de Robert Hersant auprès de sa famille. Tous ont dit non. Au téléphone, je discute de tout avec Florence, vaguement de nos projets. Volubile, sympathique, ça paraît fonctionner. J'insiste. « Allez ! Dites oui ! » Elle me fait préciser les escales. J'improvise : Galápagos, île de Pâques, Marquises, Tahiti… Elle n'a jamais navigué dans ces contrées. Ces horizons nouveaux semblent l'intéresser.

Je l'interromps : « Florence, prenez un taxi. Vous pouvez être dans mon bureau, rue Montmartre, dans vingt minutes. Je vous attends. »

Une demi-heure plus tard, Florence Arthaud est face à moi. On évoque les itinéraires et les quatre filles, pas encore choisies, vedettes également de l'opération. On parle de tout, de rien, de sa vie, de la mienne, de sa famille. Ça roule. On descend au bistrot, en bas du *Figaro*. Je commande du champagne. Affaire conclue. On s'embrasse. Elle partira pour *Le Figaro Magazine*. Reste à trouver le bateau, les équipières, mettre en place la logistique.

Fier de mon succès, je remonte dans mon bureau. Je suis en forme. J'appelle le patron : « Florence Arthaud est d'accord. J'ai réussi. » Il ne réplique pas. Il est aux anges. Il demande : « Vous lui avez fait signer quelque chose ? » Je réponds : « Non ». Il ne dit rien.

Et l'aventure de cette grande série, unique, jamais copiée, commence. Avant une interview, François Mitterrand avait déclaré à notre collaboratrice, spécialiste de la politique, Christine Clerc : « Je répondrai à vos questions, mais parlez-moi d'abord des "filles sur un bateau". » Le futur président de la République appréciait les belles navigatrices.

Toutes passaient par mon bureau rue Montmartre. Mon assistante leur demandait de se déshabiller et d'arriver seins nus dans mon bureau. La destinée des membres du futur équipage de Florence Arthaud se jouait – en partie – à cet instant. Je savais ce que je voulais. Les jeunes femmes étaient toutes mannequins et les minipoitrines, à la mode aujourd'hui, n'étaient pas mon choix. Ce fut une cause de désaccord avec Robert Hersant. Je souhaitais des sportives aux belles proportions. Mais le droit de veto, c'était lui.

Le créateur du *Figaro Magazine* était doté d'une belle assurance, en décidant de montrer des jeunes femmes à demi nues dans un supplément du *Figaro*, journal bien-pensant, aux lecteurs à majorité catholique. Je l'avais averti de mes interrogations. Robert Hersant plaisantait, mais restait ferme sur ses positions « seins nus ». Surréaliste ! Mais, surprise, très peu de lettres de protestation d'abonnés indignés.

La quatrième année de l'opération, devenue un succès, Robert Hersant me dit : « Dites donc, Florence Arthaud, où en est-elle ? Sa poitrine ? Allez voir ! » Courageux, je dois remplir ma mission. Florence arrive dans mon bureau. Je lui dis : « Relève ton tee-shirt ! » Elle s'exécute. Sans broncher, même pas surprise. Ouf !

Je vois Hersant le lendemain et lui dresse l'état des lieux. Il suggère : « Mettez-lui un tee-shirt pour les photos. »

Florence était un sacré phénomène. Ensemble, nous avons vécu d'incroyables histoires à travers les plus beaux endroits du monde. Au milieu d'un des épisodes, le patron m'appelle et me demande si j'ai des problèmes avec le reportage. L'équipe est à Hawaï. Le bateau est arrivé de Tahiti dans un état lamentable. Non seulement la voile est déchirée, mais le bateau, pourtant expertisé, est en mauvais état. Je décide de le faire retaper et téléphone à la patronne des chantiers Bénéteau pour lui demander un service : où faire fabriquer une voile neuve. Elle s'en charge amicalement. Je finis par avouer mes difficultés. Hersant me regarde et lance : « Et vous êtes encore là ! » Le lendemain, je saute dans l'avion, destination Honolulu.

Après la série des « Filles sur un bateau », nous nous sommes revus souvent avec Florence. À chaque passage à Paris, elle me téléphonait. Nous déjeunions Chez René, un bistrot, boulevard Saint-Germain, près de La Tour d'Argent. Pour son mariage dans l'île de Porquerolles, j'étais là. Je suis souvent allé la chercher dans l'hôtel particulier plein de charme de ses parents, rue de la Tour, dans le 16e. Une famille unie. Tous s'adoraient. Et j'ai dit adieu à « la petite fiancée de l'Atlantique », en l'église Saint-Séverin, le 9 mars 2015. Un accident d'hélicoptère, en Argentine, avait eu raison de ses enthousiasmes.

Dix jours plus tôt, nous dînions au Chalet du lac, dans le bois de Boulogne…

* * *

Louis n'est jamais intervenu pour moi. Plusieurs fois, il a même essayé de me larguer. Sans succès. Pour Robert Hersant, la réussite du *Fig Mag* était indissociable de nos deux noms : la tête et les jambes. Pour Hersant, le magazine, c'était nous deux : un intello et un autre qui savait « faire un journal ». Lorsque le patron proposait quelque chose à Louis, ce n'était pas pour un travail en solitaire, mais à deux. Robert Hersant m'incluait toujours dans le dispositif.

À un moment, *Le Fig Mag* avait un tel succès que le patron rêvait d'impliquer cette « équipe qui gagne » pour d'autres opérations. Il souhaitait notre participation au *Figaro* quotidien, lancer une maison d'édition, envisageait un bouquin sur la préhistoire, etc. Pauwels se gardait bien de m'en parler. Rien n'a abouti. Louis voulait faire cavalier seul. Pour Robert Hersant, je devais être l'exécutif de toutes les opérations. La réussite du *Figaro Magazine*, le patron l'avait analysée. Comme pour les Six jours cyclistes, il fallait deux coureurs. Pour écrire *Le Matin des magiciens*, ils étaient aussi deux : Pauwels et Jacques Bergier.

La lumière a auréolé Pauwels. Le modeste Bergier, mort l'année de notre lancement, avait joué les seconds rôles. Avec les années qui passent, je crois que l'orgueil a pourri sa vie. Il savait, mais ne voulait pas l'accepter, que *Le Fig Mag*, ce n'était pas seulement son édito et les papiers d'idées. Il y avait les deux cents pages qui suivaient.

Je me dis tristement aujourd'hui qu'il a fini sa vie, malheureux, très malheureux, en se repliant sur ses fausses certitudes. Aux réunions de la rédaction, j'étais à sa droite. Il fumait la pipe et mon autre voisin, la cigarette. Les premières semaines, j'écoutais Louis, que l'on disait franc-maçon, « bouffer » du curé tous les matins. J'étais choqué. Au fil des années, cette attitude a disparu. Jusqu'au jour où, de manière imprévue, il a rencontré Dieu. Au bord de la piscine, à Acapulco, à l'occasion d'un voyage pour de gros annonceurs. Il a glissé sur le rebord de la piscine. Banal ! Mais, au micro des radios qui l'interviewaient sur son accident, il a déclaré qu'il avait été poussé par la main divine. Glisser sur un sol mouillé manquait de panache…

Hersant est rentré du voyage trois jours avant lui. Quittant l'aéroport de Roissy, il m'a appelé « Tout va bien ? » « Ne vous inquiétez pas, ça roule… Les ventes sont bonnes. » J'ai appris plus tard que Pauwels lui avait affirmé qu'il avait conçu le numéro suivant avant de prendre l'avion. Robert Hersant l'avait laissé dire, bien sûr, et avait rigolé : un journal, on ne le sort pas du frigo. Il se construit à chaud, minute après minute.

Lorsque Louis est rentré du Mexique, je suis allé l'accueillir dans l'avion qui le ramenait. Il avait le col du fémur cassé. Il a dû rester plus de quatre mois à l'hôpital à Suresnes et en maison de repos. J'ai pris les commandes du journal qu'il voulait faire depuis son lit. Je n'étais pas d'accord. Je suis allé le voir. Ça chauffait. Hersant, alerté, s'est déplacé pour apaiser le conflit. Pour moi, fini la compassion. Louis avait été trop loin.

Il est revenu rue Montmartre après près d'un an d'absence. Seulement le vendredi, caviardant, semaine après semaine, le travail que nous avions réalisé. L'atmosphère devenait insupportable. Un soir, j'ai décidé de lui écrire.

Pas de plaintes. Je lui expliquais comment je voyais l'avenir du magazine. Un double de la lettre est arrivé chez Robert Hersant le dimanche. Louis a eu la sienne le lundi. Ce fut une explosion ! Le mardi, Louis est venu au journal. J'ai cru qu'il allait me mettre son poing dans la figure…

Le jeudi, j'étais nommé directeur général adjoint, chargé d'appliquer le programme que j'avais proposé. Un coup de fil d'Hersant : « Ne m'en veuillez pas pour "l'adjoint", mais le directeur général, c'est moi. »

Mon union sacrée avec l'auteur du *Matin des magiciens* avait pris fin, après dix-sept ans d'indéfectible loyauté. J'étais triste. Louis, je l'aimais et je l'admirais.

* * *

Quand Louis a écrit *L'Apprentissage de la sérénité*, c'était un bon titre qui ne reflétait pas la réalité. Le directeur du *Fig Mag* était, en réalité, inquiet et peureux. Les journaux de gauche l'ont accusé d'avoir, avec son édito du samedi, incité à l'attentat de la rue Copernic, contre la synagogue de l'Union libérale israélite de France, le 3 octobre 1980, à 18 h 38, qui fit quatre morts et quarante blessés. Suivit une campagne odieuse de la gauche contre notre éditorialiste. Louis n'est pas venu au journal le lundi suivant. Il est revenu huit jours plus tard, flanqué de deux gardes du corps armés. Et n'a plus quitté son bureau…

Plusieurs fois, j'ai insisté : « Venez, on va déjeuner tous les deux. Arrêtez de donner l'impression de vous planquer. » Il craignait d'être attaqué, vivait cloîtré.

Bien plus tard, en évoquant ces épisodes, je me suis souvenu de la proposition qu'il m'avait faite. « Maurice, je suis menacé. Pour ma sécurité, je voudrais que nous échangions nos voitures de service. » Je tenais à ma Renault Baccara, je ne voulais pas de sa Volvo. J'ai discrètement éludé, sans plus y réfléchir.

Bien plus tard, j'ai raconté l'anecdote à des confrères. Ils m'ont ouvert les yeux. La proposition était monstrueuse.

Sa fin de vie fut terrible : l'écriture, qu'il maniait si brillamment, lui échappait. Il mélangeait les mots. Je m'étais juré de ne pas me rendre à ses obsèques, au Mesnil-le-Roi, là où il habitait, pas loin de la Seine, dans un « bungalow » de luxe décoré d'authentiques tapisseries des Flandres. Mais j'ai changé d'avis, j'étais dans un coin de l'église. Plus tard, j'ai revu son épouse, l'adorable Élina Labourdette, ancienne sociétaire de la Comédie française, aux obsèques de Marie-Claire, la fille de Louis, qu'il m'avait demandé de faire nommer directrice de la rédaction de *Madame Figaro* par Robert Hersant.

J'ai dans les mains le livre de Pauwels, *Le Droit de parler*, recueil de ses éditos paru en 1981, je le parcours. Louis admirait Montherlant et Salvador Dalí pour les avoir connus. Toutes ses volte-face dont j'ai été témoin prouvent finalement qu'il était un homme seul, brillant d'intelligence, cherchant toujours autre chose.

Je réalise que, durant les quinze ans passés au *Figaro Magazine*, il n'a jamais eu le temps d'écrire le moindre livre. Nous nous retrouvions à 9 heures, nous nous quittions à 21 heures. Samedi et dimanche, il écrivait son édito.

Et, lorsque nous dirigions également l'éphémère *Figaro Dimanche*, où Jacques Chancel et Marcel Jullian, l'éditeur du général de Gaulle, écrivaient, nous passions les week-ends rue du Louvre. Les suppléments du *Figaro* nous accaparaient totalement, Louis Pauwels et moi.

Esclaves heureux, nous n'avions pas le temps pour nous embarquer vers d'autres aventures. Plus de quinze ans de vie commune. Son livre en main, j'y pense et je n'oublie pas. Le parfum de son tabac blond me revient, comme son apparition dans « notre » couloir, en habit d'académicien.

« Le parfum de l'âme, c'est le souvenir », a écrit George Sand.

* * *

J'ai connu deux faiseurs de journaux. Deux professionnels inspirés, qui savaient, en recevant et lisant un texte, comment il apparaîtrait dans le journal du lendemain ou le magazine du week-end. Des feuilles de papier transformées en une œuvre d'art éphémère, mais déjà imprimée dans leur imagination, avant qu'elle ne le soit sous la pression des rotatives. Deux noms : Pierre Lazareff et Franz-Olivier Giesbert. J'ai fait partie de l'équipe du premier, avant d'être le complice du second. Lazareff raisonnait à travers son équipe, Giesbert, quant à lui, avait tout dans la tête.

Au cours de notre réunion quotidienne du matin au *Figaro Magazine*, j'avais proposé de faire la couverture de notre édition parisienne avec la fête des Puces, à

Saint-Ouen. Je connaissais les lieux, m'y rendant souvent en fin de semaine. Nous allions consacrer une dizaine de pages à ce sujet. Chaque semaine, une double page était alors réservée à l'actualité des antiquités. La rubrique a été bêtement supprimée quelques années plus tard.

Je sentais le sujet. Aux Puces, tous les marchands lisaient nos deux pages hebdomadaires. Sur leur stand, notre journal était ouvert à la rubrique concernée. Au cours de notre réunion donc, j'insiste sur l'intérêt d'une couverture axée sur la manifestation qui allait attirer beaucoup de monde. Rien n'y fait. FOG est contre.

L'après-midi, Franz n'est pas au journal. Il faut envoyer la couverture. Je décide, en son absence, d'aller contre son avis. Notre couverture « Spécial Paris », ce sera la fête des Puces. À la conférence du lendemain matin, on évoque le numéro. Je lance : « Hier après-midi, j'ai envoyé la couverture du Spécial Paris. J'ai choisi les Puces. » Franz ne dit pas un mot. Il bougonne. On passe à la suite. Devant la dizaine de chefs de service, il ne m'a pas désavoué. Tous les deux, nous formions une équipe, une vraie, une grande équipe. Notre boulot, nous le connaissions bien.

Le samedi suivant, la couverture « Puces » a bien marché. J'avais eu du flair. Et FOG l'a reconnu publiquement. Cette sacrée équipe, elle a été malheureusement dissoute, lorsqu'il est parti pour diriger *Le Point*, à la demande de François Pinault. Franz a fait venir près de lui notre ami Cyrille Duval, l'homme de la pub, futur PDG du *Point*.

J'arrivais à 9 heures. FOG vers 9 h 10. Il venait s'asseoir directement derrière ma petite table de réunion, dans mon bureau du sixième étage aux immenses baies vitrées donnant sur le croisement de la rue du Louvre et de la rue Montmartre, avec vue sur Beaubourg. Nous discutions toujours avant qu'il ne rejoigne son bureau, séparé du mien par son secrétariat.

Deux ou trois fois la semaine, mon téléphone sonnait vers 9 h 20. « Allo, bonjour, c'est Jacques Chirac. Je pense que Franz est avec vous. Merci. » Et leur conversation commençait… Lorsque le livre de FOG est paru, pas de doute qu'il connaissait parfaitement le président de la République, qu'il tutoyait. Leurs propos étaient authentiques, mais Franz n'a pas été trop complaisant avec lui.

J'étais surpris, un peu déçu. Leurs conversations étaient toujours amicales. Mais FOG a le journalisme dans le sang. Alors il n'avait pas hésité à « balancer ». J'enviais son culot d'homme libre. Comme moi, refusant toute décoration.

Merveilleux d'être ainsi complémentaires. Franz et moi, c'était ce que j'avais connu avec Robert Hersant. Nous ébauchions un produit commun dans une confiance totale. Le magazine que voulait Franz, je le fabriquais. Le maniement des photos, leur mise en valeur et toute la technique, le rythme du journal, Franz me l'abandonnait. Mais il surveillait tout. Rentrant de déjeuner, il lui arrivait de passer à la maquette, où le numéro en cours était affiché et, devant un sujet de dix pages, de le réduire à seulement deux doubles. Et personne ne bronchait, l'auteur du reportage gardait le silence. Le talent, c'était

Franz. Alors il devait avoir raison… C'est le privilège de celui qui décide.

* * *

Me retrouvant seul au pouvoir, j'avoue que j'ai aimé décider. Prendre mes responsabilités. S'il y a connerie, c'est vous seul. C'est sûr que le pouvoir est grisant. Tout ce qui se trouve dans le numéro, c'est vous qui l'avez décidé. Ce genre de satisfaction est gratuite. À côté de cet immense pouvoir, le salaire est dérisoire. Mais vous vous en fichez. La jouissance du pouvoir intellectuel vous inonde de confiance en vous. Le pouvoir de l'argent n'a rien à voir. C'est le pouvoir du pauvre. Descendre l'escalier en rêvant du prochain numéro, que vous pensez réussir, c'est l'épanouissement. Comme une rose qui s'ouvre et vous inonde de son parfum, pour vous tout seul. Lucien Bodard, lorsqu'il fumait l'opium à Saïgon, devait connaître ce ravissement intense…

Avec FOG, nous ne travaillons plus ensemble depuis plus de vingt ans. Mais nous ne nous sommes jamais vraiment quittés. Tous les deux mois, nous nous retrouvons avec notre fidèle Cyrille Duval pour un déjeuner d'amitié, où nous parlons du passé, des journaux et de l'actualité. Nous nous aimons à notre façon, comme des mecs.

Giesbert a conservé les petits bonheurs du journaliste débutant. Je l'ai constaté il y a peu. Depuis quelques années, je réalise le magazine gastronomique et hôtelier *3 Étoiles*. Avec une carte blanche totale. Son propriétaire me fait confiance. Dominique Faye est un directeur de la publication hors norme. La gastronomie est son domaine : caviar, foie gras, sans oublier les poulets élevés par ses soins ; tous les grands chefs sont les clients de ce personnage atypique, également colonel de gendarmerie de réserve…

Pour le magazine *3 Étoiles* du mois de mars 2021, je souhaitais faire faire un article sur les restaurants sympathiques de Marseille. FOG y habitait en semaine puisqu'il était à l'époque directeur éditorial du *Provençal*. J'évoque le sujet. Ça l'intéresse ! Deux jours plus tard, il m'envoie les textes. Un pro. Et il m'appelle, deux à trois fois, pour savoir si tout est OK, si les photos conviennent, si j'ai besoin d'un complément. Giesbert a été patron de *L'Obs*, du *Figaro*, ses livres ont fait des tirages records, on le voit sur les plateaux télé. Et ce grand journaliste s'inquiète pour un simple article à paraître dans un trimestriel spécialisé…

Lorsque je me suis marié à la mairie du 16e arrondissement, mon premier témoin c'était Franz, le second Cyrille Duval. L'équipe s'était reformée ce jour-là !

* * *

Je suis un lecteur fidèle du *Figaro*. Bien sûr, j'y travaille. Mais ce n'est pas la raison. Je le lis tous les matins après avoir pris mon petit déjeuner. Le dimanche, je suis en manque. Je ne suis pas de parti pris en avouant que cette lecture m'est indispensable. Car *Le Figaro* est un journal dont on ne peut se passer. De droite, mais jamais excessif. Je me retrouve dans les éditoriaux d'Alexis Brézet. *Le Figaro* informe. Nos lecteurs sont mis au courant de la marche du monde, sans parti pris.

Je le dis souvent : chaque matin, au moins trois articles m'intéressent particulièrement. Toutes spécialités confondues, la politique d'abord, mais aussi la science, la médecine du lundi, et plein d'autres choses. Les arts, le sport, les faits divers. Je suis fier d'appartenir à cette grande équipe. Étienne de Montety, Bertrand de Saint-Vincent ont travaillé directement avec moi au *Figaro Magazine*. Je les croise dans les couloirs du journal avec grand plaisir.

J'ai beaucoup d'admiration pour Alexis Brézet qui mène le navire avec fermeté et doigté. J'ai appris à l'apprécier lorsqu'il est devenu directeur de la rédaction du *Figaro Magazine*, avant de chapeauter l'ensemble des journaux du groupe. Alexis est attentif au sort de chacun, ce qui est extrêmement rare. Je trouve qu'avec notre directeur général, Marc Feuillée, ils forment une belle équipe. Tous ces efforts pour asseoir la rentabilité face aux difficultés quotidiennes, ça rassure. J'ajoute en insistant que, depuis la direction de Robert Hersant, puis celle de Serge Dassault, enfin, aujourd'hui, celle de Charles Edelstenne, un vent de liberté souffle en permanence au *Figaro*. Personne ne m'a jamais demandé de favoriser l'un ou l'autre. Pouvoir écrire : « Je suis libre » est une rareté. Un honneur. Un devoir vis-à-vis de la hiérarchie et de nos lecteurs.

« Liberté, j'écris ton nom », le poème de Paul Eluard, y est d'actualité.

VIII

Duras sur mon tabouret

Ma vie a été riche en rencontres. Des gens célèbres, d'autres moins. J'en ai vu défiler des célébrités. J'ai rencontré Aragon, côtoyé les ténors du Parti communiste à la Libération, fréquenté le colonel Rémy, dont les *Mémoires d'un agent secret de la France libre* fut un best-seller, serré la main du général de Gaulle. Les Premiers ministres m'ont tous téléphoné pour me demander un service, j'ai été interrogé par Jean-Louis Debré, lorsqu'il était juge d'instruction, dîné avec le professeur Israël, le célèbre cancérologue ; rencontré Pierre Sabbagh dans son bureau de la rue Cognacq-Jay, copiné avec Michou, Johnny Hallyday, Claude François. Sheila a été une amie fidèle, comme Line Renaud, présente à mon mariage. J'ai discuté avec Serge Reggiani dans un ascenseur, peu avant sa disparition, j'ai dîné à l'Hôtel de Ville à la table de Jacques Chirac, travaillé avec Marcel Hansenne, médaillé olympique de 1948. L'ami Jean Raspail, droite radicale et écrivain, auteur merveilleux de *Moi, Antoine de Tounens, roi de*

Patagonie[1], a eu mon amitié à défaut d'avoir été élu à l'Académie française.

Je me remémore parfois mes déjeuners avec Pierre Mazeaud, premier Français en haut de l'Everest, rescapé avec Walter Bonatti, lors de la première ascension du pilier central du Frêney, face au mont Blanc, où quatre de leurs compagnons étaient morts de froid. Mazeaud, futur président du Conseil constitutionnel, souhaitait le soutien du *Figaro Magazine* pour de prochaines expéditions. Il l'a eu.

Et je n'oublie pas Jacques Marchand, rédacteur en chef à *L'Équipe*, qui m'a mis sur orbite, Gaston Meyer, directeur de la rédaction du journal, Jacques Lemaire et Claude Muller, mes copains ; à *France-Soir*, Claude Salles, fidèle complice, futur patron de la rédaction du *Monde*, de France Inter, de *Télérama*.

* * *

Je rends visite à l'auteur de *Voyage au bout de la nuit* en 1956, pour l'hebdomadaire *Télé Magazine*, dont je suis le rédacteur en chef. Bruna, mon assistante, a obtenu le rendez-vous sans difficulté. Je suis un gaulliste militant, mais ébloui par le style inimitable de Céline.

Céline n'aime pas les juifs, mais je suis habitué. L'éditorialiste de *Télé Magazine*, François Brigneau, est un antisémite connu et convaincu. Il m'affirme que, si un juif se risque à vouloir lui serrer la main, sa main à lui fait marche arrière… Je suis effaré de tels propos.

1. Albin Michel, 1981.

Dommage, car François Brigneau, polémiste, écrivain talentueux, se révèle un camarade touchant de gentillesse et tourné vers les autres. Un brave type !

Chaque semaine, je relis son édito, où il doit évoquer la semaine télé. Mais, plus ça va, plus il déraille. Je coupe les propos tendancieux qu'il glisse entre deux paragraphes, mais, semaine après semaine, les coupes se transforment en guillotine. Sa double page comporte en principe six colonnes de texte. Une semaine, il n'en reste plus que deux publiables. Ça ne peut pas durer. Je suis triste. Pourquoi gâche-t-il ainsi son talent ? Pourquoi ses pensées, franchement nazies, vont-elles briser sa carrière ? Lui, dont la sonorité des textes correspond à sa belle écriture. Une calligraphie appliquée, toute en rondeur, qui me fait penser aux textes rédigés à la main par Antoine Blondin. Des mots lisibles, des phrases appliquées, jetées soigneusement sur le papier.

En filant un matin, à Meudon, chez Céline, je ne suis donc pas dépaysé. Je pousse la porte en fer forgé, traverse la verdure mal entretenue devant sa maison à un étage et au grenier aux larges fenêtres dans le toit d'ardoises.

Je sonne, puis frappe à la porte. C'est lui en personne qui vient m'ouvrir. Je suis impressionné. Nous filons dans la pièce-bureau, où il reçoit ses malades, les pauvres, gratuitement. Parler de quoi ? Du passé ? Sûrement pas. Il n'écrit plus guère. Il est redevenu le docteur Destouches. Je ne l'interviewe pas vraiment. Nous discutons de son quotidien, de ses chiens, de ses difficultés financières. Je reste deux heures avec lui et ses livres de médecine dans la bibliothèque. Simple, amical, presque chaleureux. C'est lui qui pose les questions. Il a envie de parler. J'ai abandonné mon stylo.

Nous avons un lieu en commun, Courbevoie, la ville de banlieue ouest, longée par la Seine. « Je me répète... Courbevoie, Seine, Rampe du pont. Il y en a que ça emmerde, qu'il y ait des gens de Courbevoie... L'âge aussi, je répète mon âge : 1894 ! » (*D'un Château l'autre*)

À ce moment-là, pour Céline et moi, la conversation, c'est Courbevoie, commune où a habité Arletty et où elle est enterrée. Le même cimetière que celui de mes parents, de mon frère qui, à dix-huit ans, a voulu rejoindre de Gaulle à Londres.

La Rampe du pont, je la connais bien. La rue Victor-Hugo prend d'un coup, à l'approche de la Seine, de la hauteur. La Rampe du pont permet de protéger les piétons. Un fameux sujet de conversation avec Céline. Jusqu'à l'âge de vingt-quatre ans, j'ai habité chez mes parents, rue Massenet, dans un des premiers HLM. Je dormais sur un divan, ouvert le soir dans la salle à manger, avec mon frère « mort pour la France ». Oui, un sacré sujet de conversation avec l'auteur du *Voyage au bout de la nuit*.

Je lui raconte que, pour accéder à la fameuse Rampe du pont de Courbevoie, je passe par la place Victor Hugo et ensuite, la rue Victor Hugo, fatiguée, délabrée, des vieilles maisons. Nous nous souvenons de la bijouterie Rivaud, où habitait un de mes copains de l'externat Saint-Pierre-Saint-Paul. Ma mère m'y avait acheté une chevalière pour mes vingt ans. Et puis d'une boutique d'articles de pêche. La Seine coule à deux cents mètres…

Courbevoie, Céline n'en finit pas. Il aime beaucoup ce coin de banlieue. Moi aussi. J'y suis toujours attaché et j'y retourne avec émotion. J'ai habité à Bécon, son quartier chic, où pas mal de vedettes ont élu domicile, avant de découvrir Neuilly. Mais Céline ne s'y intéresse pas. Il revient toujours à la Rampe du pont. Tout près, dans les immeubles détruits de ce quartier, rénové peu après, Simone Signoret a tourné *Le Chat*, avec Jean Gabin. À deux pas de la Rampe du pont.

Céline se sent en confiance et attend l'arrivée d'un malade. Je suis à l'aise, avec cet homme fatigué, mal fagoté, qui s'efforce de faire bonne figure.

Il me raccompagne jusqu'à la porte et me serre la main longuement. En traversant le jardin qui mène à la grille, je savoure mes deux heures passées avec un monument. Sa cordialité m'a touché. La gentillesse de Céline me fait penser à celle, si amicale, de François Brigneau. Un beau gâchis…

La maison de Céline à Meudon a été rachetée par un voisin en 2017. Une maison de style Louis-Philippe, abandonnée depuis la mort de sa femme, Lucette, décédée en 2019, à l'âge de cent neuf ans.

* * *

Jacques Chancel a travaillé pour moi à *Télé Magazine*. Il était alors chef de la « rubrique parisienne » de *Paris-Jour*, le quotidien de l'éditeur de *Nous Deux*, Cino Del Duca, installé dans l'immeuble historique de

Paris-Soir. Jacques rentrait d'Indochine, où il avait été correspondant de guerre.

Pour moi, il était un de mes «pigistes», connaissait bien le milieu du théâtre, du music-hall, du cinéma. Et aussi le Tout-Paris. Jacques était un garçon charmant, ouvert, un copain qui faisait l'unanimité. *Paris-Jour* était tout près du siège de *Télé Magazine*, rue Saint-Marc, dans le 2e arrondissement. Il passait souvent me voir. Une source inépuisable d'informations, car il connaissait tout le monde.

Ses interlocuteurs l'appréciaient. Nous déjeunions parfois au premier étage d'une brasserie, le Paris-Montmartre, en face du fameux immeuble en forme de bateau.

Une belle époque d'insouciance. Le temps des copains, des vrais. Lui, moi, nous étions en pleine ascension professionnelle. Nous étions jeunes et tout nous souriait. Et nous menions une belle vie. Jacques était à l'aube d'une carrière magnifique. Il allait bientôt lancer «Radioscopie», émission devenue culte et jamais remplacée. Il ne travaillait plus pour moi. Je l'écoutais. Sacré intervieweur. Sa voix douce s'enroulait autour de son invité.

Chancel, je le revoyais de temps en temps. Séjournant au Majestic, à Cannes, en même temps que lui, nous avions décidé d'aller déjeuner d'un coup de bateau sur l'île Sainte-Marguerite juste en face. Nous étions toujours amis, sans nous voir. Et, lorsque nous avons lancé *Le Figaro Dimanche*, je l'ai recruté pour une chronique hebdomadaire, engageant, conjointement, son ami

Marcel Jullian, futur patron de la deuxième chaîne et éditeur, chez Plon, des écrits du général de Gaulle.

Jacques était redevenu mon collaborateur. Son papier arrivait toujours à l'heure. Celui de Jullian aussi. De belles rencontres, de vrais professionnels. On se comprenait. Jamais le moindre problème.

* * *

En 1970, Robert Hersant est devenu, après grèves et manifestations hostiles, propriétaire du quotidien normand *Paris-Normandie.* Il m'a embauché peu après, en 1973, sans affectation, « en réserve », comme rédacteur en chef. Ce matin-là, je suis à Rouen dans le bureau du directeur du journal, Pierre Wolf, fils de l'éditorialiste mythique du quotidien, Pierre-René Wolf. Le téléphone sonne. Wolf me passe le récepteur : « C'est pour vous ». Hersant est au bout du fil : « Où êtes-vous ? » « Dans le bureau de Pierre Wolf ». « Beaudoin, je veux vous parler. Je n'ai pas confiance en Wolf. Sortez et appelez-moi d'une cabine à l'extérieur » …

Le siège de *Paris-Normandie* se trouve dans une belle demeure au-dessus des ateliers de composition et de l'imprimerie, sur la grand-place, presque en face de la mairie. Le maire, c'est Jean Lecanuet, futur candidat à la présidence de la République contre François Mitterrand.

Il y a une cabine sur la place. Au bout du fil, Hersant : « J'ai rencontré hier Hubert d'Ornano. Giscard se lance dans la campagne présidentielle de 1974 et c'est le cirque, me dit-il. Il n'a même pas de service de presse. Je lui ai promis de le dépanner. Avec Jean Miot, voulez-vous prendre tout en main ?» Jean Miot sera plus tard nommé secrétaire général du *Figaro* et deviendra un président peu conformiste de l'AFP, apprécié des syndicalistes.

Je ne suis pas partant. Je réponds : «La politique ne m'intéresse pas. Je n'y connais rien.» Il réplique, péremptoire : «Vous vous fichez de moi. La politique, vous connaissez très bien. À vingt ans, vous étiez au Conseil national du RPF, avant de tout plaquer.» Je suis abasourdi. Mon nouveau patron est bien renseigné.

Le lendemain matin, je retrouve Jean Miot, son allure débonnaire, sa pipe, son esprit, son appétit gargantuesque. Intelligent, il adore les intrigues, les rumeurs, les manœuvres illicites, les chuchotis. Il sera à l'aise rue de la Bienfaisance, QG de la campagne giscardienne, entre le brouhaha et le thé de 16 heures pour quelques femmes du monde. Moi, je vais suivre le candidat à travers la France. Tous les jours, je prends un avion privé, appartenant à l'industriel Georges Tranchant, bientôt député et futur roi des casinos, à destination des villes de France où Giscard tient un meeting.

Je suis rapidement invité à rencontrer le préfet Lanier, directeur de campagne, qui sera nommé préfet de la région parisienne après la victoire de Giscard. «Nous avons un problème insoluble, me confie-t-il. Les détails du programme du candidat ne sont pas vraiment définis. Chaque soir, il expose de nouvelles idées dont nous ne sommes pas au courant. Il improvise… et nous n'en avons aucune trace.» J'écoute, surpris. Il poursuit : «Auriez-vous une solution ?» Je l'ai, bien sûr. Et ce, depuis le début de notre conversation. Vraiment pas sorcier…

Le lendemain, je demande à revoir le préfet Lanier. « J'ai la solution. » Il est aux anges. « Il me faut un laissez-passer spécial qui me permette de m'installer au pied de la tribune où Giscard prend la parole. »

Tout le premier tour de la campagne, j'ai une chaise sous des micros. J'installe un petit magnétophone d'amateur sur le pupitre et j'enregistre le programme du candidat. Lorsqu'il faut changer de bobine, nous nous sommes mis d'accord avec le futur Président. Il ralentit ses propos, me laisse opérer et se relance. À la fin, nous formons un beau duo technique.

À Amiens, avant le meeting, j'aperçois Hersant. On l'a empêché d'entrer, la salle est déjà pleine. Je lui dis : « Collez-vous à moi ». La foule est immense. Je fonce, le patron dans mon dos. Mon laissez-passer est magique. Nous entrons tous les deux. Je file m'asseoir au pied du micro avec mon petit enregistreur.

Tous les soirs, je reviens en avion, souvent en compagnie de PPDA ou de Patrice Duhamel, qui suivent tous les meetings et n'échangent guère. Un soir, à Nancy, impossible de m'extraire de la foule. Je rate l'avion. Il est minuit. Je hèle un miraculeux taxi. « Vous pouvez m'emmener à Paris ? » Le chauffeur est interloqué. « Pourquoi pas, répond-il, mais il faut que je téléphone chez moi. » Et nous voilà partis. Pas de souci. La cassette sera à temps rue de la Bienfaisance.

Ce qui m'a intéressé durant cette campagne du premier tour, ce furent les réactions du public. Pas trop enthousiaste au début de la tournée, je guettais la montée en puissance. À Toulouse, j'ai compris que Giscard serait élu. La grande foule, l'ambiance et un prologue enflammé du pilote d'essai René Turcat. Giscard allait gagner…

Pour le second tour, j'ai été remplacé par un professionnel de la politique, Denis Baudouin, qui fera carrière avec le nouveau Président et deviendra secrétaire général de l'Élysée puis porte-parole du Premier Ministre, Jacques Chirac.

Il y a un cocktail pour remercier les équipes qui ont participé à la victoire. Giscard me remet une médaille avec son portrait. Elle traîne dans un tiroir de mon bureau…

* * *

Giscard, je l'ai revu plusieurs fois, avec Louis Pauwels, dans son hôtel particulier du 16e, pour recueillir son opinion sur un sujet d'actualité.

Mais un fameux souvenir est ailleurs, à Chanonat, dans son château. Je l'attends avec quatre collaborateurs du magazine pour l'interview. Je suis le chef de la délégation.

Nous arrivons avant le futur Président, qui réside ailleurs. Il fait froid à l'extérieur, glacial dans le salon où nous patientons. Nous avons tous le col du manteau relevé. Giscard arrive, en costume, et me lance : « Vous avez froid ? Pourtant, il fait meilleur que chez Michelin… » L'un et l'autre sont déjà adeptes des économies d'énergie, pour ne pas dépenser. Pendant l'entretien, il m'interpelle : « Monsieur Beaudoin, bien sûr, vous déjeunez avec moi ?» Je réponds : «Merci, Monsieur, mais nous avons un avion à 13 h 30 pour rentrer à Paris.»

J'ai vite compris qu'il ne veut pas inviter mes collaborateurs. Je ne peux pas refuser ce déjeuner en tête-à-tête. Je lui dis : «D'accord, je déjeune avec vous, mais je voudrais que vous m'emmeniez dans la campagne découvrir un petit restaurant de charme.» Vers midi, nous quittons le château. Avec ma voiture de location, je suis celle de Giscard. J'ai rendez-vous pour dîner à Grenoble. Giscard m'invite dans un restaurant auvergnat adorable. Du charme et un très bon repas, amical et joyeux. La patronne de l'endroit se démène. Nous avons bu pas mal…

Pour rejoindre Grenoble, la route me paraît longue. Je m'endors. Et je cogne les rambardes de l'autoroute…

* * *

J'ai bien connu Antoine Riboud, PDG étonnant de simplicité. Un type authentique, une rencontre-bonheur.

Lorsqu'il a racheté Danone, il y avait dans la corbeille l'hôtel Royal Évian, qui se dresse sur la colline, face au lac de Genève, et l'hôtel Ermitage, un peu plus haut.

J'étais hébergé au casino d'Évian dans une chambre réservée aux joueurs qui ratent la dernière navette pour Lausanne. À l'invitation de Robert Lasalle, le directeur de l'hôtel Royal, qui souhaitait que *Le Figaro Magazine* patronne le festival de musique, qui avait lieu chaque année dans les locaux de l'hôtel. En préalable à ma réponse, je veux visiter les lieux.

Il fait froid et humide. Emmitouflé, col de manteau relevé, je visite le Royal. Une belle endormie. L'hôtel est fermé pour l'hiver. Chambres glaciales, fenêtres jamais ouvertes. Pas gai, vraiment. Mais quel potentiel ! Le festival Jeunes Musiciens sans frontières, créé en 1976 par le chef d'orchestre Serge Zehnacker, apportait fraîcheur et culture dans ce lieu grandiose.

Je dis oui à Robert Lasalle. Nous allons patronner son festival. À l'époque, la manifestation intéresse peu Antoine Riboud. Le grand patron de BSN, d'Évian, finalement me téléphone pour m'inviter à déjeuner à Paris. Le siège de la société se trouve rue de Téhéran, qui prend racine en haut du boulevard Haussmann, pas loin du musée Jacquemart-André.

J'arrive. Nous devons déjeuner au sous-sol. On m'y conduit. Je suis le premier. La table est dressée pour trois convives. Le hors-d'œuvre est déjà servi. Une bouteille d'eau sur la table. Je me dis que le repas ne va pas être terrible…

Antoine et une collaboratrice arrivent. Il m'embrasse, me tutoie : « Comment vas-tu ? » Voilà quelques jours, il a acheté le champagne Pommery. C'est mon entrée en matière. « Dis donc, tu as racheté Pommery et il n'y a même pas une bouteille de ce champagne sur la table ? » Silence. Riboud se tourne vers sa collaboratrice : « Va voir à l'épicerie tunisienne du coin, trouve-moi une bouteille. » Nous discutons. Et la jeune femme revient avec la bouteille.

Antoine l'ouvre. Nous trinquons. Il me dit : « Tu vas continuer à m'aider pour mon festival de musique d'Évian?» C'est OK bien sûr. On se quitte. Il m'embrasse. «La prochaine fois, c'est toi qui invites.»

La prochaine fois, il y a du champagne Pommery au menu. D'un coup, Riboud s'est intéressé au festival : il a rencontré le violoncelliste Mstislav Rostropovitch, devenu son ami. Pour lui, il fait construire, dans le bois voisin de l'hôtel, La Grange au lac, un auditorium inauguré en mai 1993. On peut y accueillir mille deux cents spectateurs et deux cents musiciens.

Tous les grands interprètes, français et étrangers, s'y produisent depuis…

* * *

J'ai connu Pierre Cardin, il y a quarante ans, par l'intermédiaire de son attaché de presse, l'ex-mannequin et acteur Pierre Crey. Également ex-petit ami du couturier. Ce dernier a quitté l'homme d'affaires dans de mauvaises conditions. Depuis, il déteste son ancien patron, imitant à la perfection son parler nasillard… Une époque où les journalistes hommes s'habillaient pour pas cher chez le grand couturier. Je conserve précieusement un smoking siglé, dans lequel je garde l'espoir d'entrer à nouveau.

Avec Cardin, j'ai visité son hôtel particulier de l'avenue Gabriel, devenu La Réserve du groupe Michel Reybier. Nous marchions dans les gravats. Je suivais Cardin dans l'escalier et mon regard ne quittait pas le bas de son pantalon, usé, complètement élimé. Un comble pour un grand couturier disposant de nombreux retoucheurs. Nous étions ensuite allés dans l'autre hôtel qu'il aménageait rue du Cirque, pas loin de son quartier général. Des chambres décorées avec beaucoup de soin. Je m'étonnais devant des lampes de chevet Art déco authentiques, des tableaux de petits maîtres, tout cela faciles à dérober. Étonnant surtout, certains meubles japonisant signés Cardin. Je m'y intéressais, car j'avais l'impression de les avoir vus ailleurs, de les connaître.

Rentré chez moi, je consulte mes catalogues de l'Hôtel Drouot et quelques bouquins. J'ai vite compris que l'air de famille des commodes laquées de Cardin n'était pas qu'une impression. J'avais vu leurs sœurs jumelles, de véritables antiquités japonaises dans des publications spécialisées ou dans des catalogues de salles des ventes.

Je déplorais que Cardin ait laissé Maxim's péricliter. J'y avais soupé quand de vieux musiciens jouaient encore sur la petite scène, tentant de réveiller la morne soirée. J'avais été choqué en entrant dans la salle. Comme dans les boîtes de nuit bas de gamme, une bouteille de champagne patientait sur chaque table. J'avais commandé du vin blanc, pour ne pas tomber dans le traquenard.

Pierre Cardin, je l'ai revu plusieurs fois à la fin de sa vie. Toutes les semaines, il venait dîner au restaurant Montegrosso, rue de l'Échelle. Un lieu chaleureux, tenu par un vieux briscard de la grande époque. Un prince russe, qui avait été associé à Carlos, dans un établissement de nuit, derrière le Café de Flore. Igor, qui a vendu son restaurant en 2020, avait une clientèle fabuleuse : stars de cinéma, de la chanson, la veuve de Louis de Funès, qui venait dîner là deux fois par semaine et qu'un serveur raccompagnait chez elle, Michel Charasse, sortant du Conseil constitutionnel voisin, Philippine de Rothschild, propriétaire du château Mouton Rothschild. Têtes d'affiche d'une clientèle sympathique, se retrouvant rue de l'Échelle comme dans un club privé.

« Je suis dans mon théâtre », répétait Igor, avec son incroyable gouaille et son accent parigot.

Pierre Cardin arrivait discrètement et assez tôt au Montegrosso, souvent accompagné de son neveu. Lorsqu'il m'apercevait au fond de la salle, très mondain, il venait me saluer et baiser la main de mon épouse. Il venait là pour être tranquille et manger italien. Plusieurs fois, il avait tenté de débaucher Igor pour qu'il prenne la direction de Maxim's. Sans succès… Même âgé, Pierre Cardin gardait une allure superbe, magistrale. Un conquérant, mort le 29 décembre 2020, à l'hôpital américain de Neuilly.

* * *

Je viens de terminer un livre, *Le Samouraï de la mode*. L'auteur, le couturier Daniel Tribouillard. Une dédicace : « Encore merci pour le magnifique article que tu as écrit et qui m'a rendu célèbre ». Le samouraï a de la mémoire. Cet article, je l'ai publié dans le *Figaro Magazine* en 1989. Il y a presque trente-cinq ans. J'ai reconnu mon titre : « Ce couturier français a l'étoffe d'un grand peintre. » Et un sur-titre : « Au Japon, Daniel Tribouillard transforme les kimonos en toiles de maître. »

Daniel, je l'ai rencontré dans le restaurant Chez Pauline, rue Villedo, tenu par André Genin, pas loin du *Figaro*, alors rue du Louvre, et près du siège de sa maison de couture, avenue de l'Opéra. Je déjeunais souvent au premier étage, aux banquettes rouges très confortables. À force de s'apercevoir, on s'est dit bonjour. Daniel déjeunait toujours avec son patron, monsieur Léonard, dont il a racheté plus tard la société de haute couture. J'ai toujours adoré les robes de Léonard. Lorsque Daniel et moi sommes devenus amis, je me suis intéressé de plus près à son travail. Un arc-en-ciel. Un maillot de bain, une robe Léonard, un régal pour les yeux. Elles se dégustaient.

Nous avions pris l'habitude de déjeuner toutes les semaines chez Gilles Épié, un chef que nous admirions, installé alors face au Chiberta, le restaurant de Guy Savoy, rue Arsène-Houssaye. Aventurier des fourneaux, Gilles Épié est maintenant installé aux États-Unis. François Clerc, l'un de ses premiers patrons à Maisons-Laffitte, me donne parfois de ses nouvelles.

* * *

Une grande tape dans le dos et j'entends : « Salut, Maurice, ça me fait plaisir ! » Je suis installé au rez-de-chaussée de La Rotonde, boulevard du Montparnasse, quelques mois avant que le restaurant ne soit incendié par un gilet jaune. Je lève la tête : le sourire de Tillinac. Il est mort le 26 septembre 2020, après une journée passée à Livres en vignes, au château du Clos de Vougeot, en Bourgogne, où il se rendait chaque année. J'adorais Denis. Il avait des convictions, mais savait les moduler et rester modéré. Un fidèle. On s'apercevait parfois.

Il aimait la campagne, la vie joyeuse, la simplicité, boire un verre. On se comprenait.

Un après-midi de 1984, Denis Tillinac débarqua dans mon bureau du *Figaro Magazine*. Louis Pauwels lui avait demandé de passer me voir. Quelques jours plus tôt, j'avais reçu Thierry Sabine, créateur du Paris-Dakar et de l'Enduro du Touquet. Chaleureux et passionné, Thierry rêvait que son épreuve débordât le simple domaine de la mécanique pour la hisser à celui de l'aventure humaine. Pour suivre l'épreuve, Pauwels avait pensé à cet écrivain, ami de Chirac.

Il allait partir pour l'aventure du Dakar : le désert, ses embûches, ses héros. La première version de l'épreuve passait par la France, l'Algérie, le Sahara, le Mali, la Guinée, pour arriver au fameux lac Rose (lac Rëtba), à trente-cinq kilomètres au nord-est de Dakar. Chaque semaine, j'ai reçu son article. Denis racontait au jour le jour l'aventure, la course. De l'humain, il y en avait. Thierry Sabine serait content. *Le Figaro Magazine* passait du combat des idées au combat des héros. La passion avait gagné Tillinac. L'écrivain faisait des découvertes imprévues. Il rencontrait des hommes, des vrais, des vedettes dans leur domaine. Denis, le contact facile, ramassait des histoires, tout en écrivant la sienne.

À la fin de l'épreuve, il est passé me saluer. Mission accomplie… Mais il ne m'a pas tout dit ce jour-là… Surtout pas que, de son expérience, il tirerait un roman, *L'Irlandaise du Dakar*[1]. Une histoire vraie, d'hommes,

1. Robert Laffont, 1986.

de mécanique et aussi d'une belle Irlandaise, Mary Kellydan. Une histoire d'amour folle et ensablée. On a beaucoup jasé à la parution. J'ai questionné Tillinac. Bouche cousue.

* * *

J'ai rencontré Marguerite Duras pour la première fois en 1985, au restaurant Le Duc, spécialiste du poisson, boulevard Raspail à Paris. J'étais assis au bar, en attente d'une table. Je vois la romancière arriver. On lui demande de patienter. Elle est debout. Je lui propose mon tabouret. Elle s'assoit. Il y a foule et je reste planté près d'elle. On lui a dit que j'étais le patron d'un magazine de droite. Ça intéresse cette fan de Mitterrand. On discute. Je me penche. Elle s'avère aimable, ouverte, parfois enthousiaste. Je constate que nous sommes étrangement sur les mêmes longueurs d'onde. Ça me fait plaisir. Mais ma table est prête. Je m'incline. « Passez me dire au revoir », souffle-t-elle.

Quittant plus tard les lieux, je vais la saluer. Je lui dis mon plaisir de l'avoir rencontrée. On s'embrasse. Elle me glisse : « On dîne bientôt ? »

Depuis longtemps, je suis un admirateur de Marguerite Duras et de son œuvre. Quand le théâtre du Rond-Point, dirigé par Madeleine Renaud et Jean-Louis Barrault, avait été transféré dans une immense salle du futur musée d'Orsay, j'étais allé voir *Une journée entière dans les arbres*, la pièce tirée d'une nouvelle de Marguerite Duras, publiée en 1954.

Jean-Louis Barrault lui avait demandé d'en faire une adaptation théâtrale. Madeleine Renaud m'avait ébloui en déclamant des bouffées de poésie, blottie dans son arbre. Et Bulle Ogier était si fraîche.

Avoir rencontré un écrivain de cette puissance, disparue en 1996, j'en reste encore étonné. *Hiroshima, mon amour, India Song, La femme du Gange, L'Amant*, m'ont accompagné et m'accompagnent encore.

Le Duc et son tabouret au bar. Non, je n'ai pas oublié…

IX

Michou et son Suédois

J'ai connu Philippe Douste-Blazy à l'époque où il était maire de Lourdes, ville où il est né le 1er janvier 1953. Élu député en 1989 sous la bannière de l'UDF, il m'avait invité à déjeuner en bas de la butte Montmartre, au Beauvilliers, propriété d'un incroyable restaurateur, Édouard Carlier, ancien publicitaire. Le premier à unir les couleurs bleu et vert dans une publicité pour un contenant de yaourts. Discret, bien élevé, réservé, le maire de Lourdes avait ses habitudes dans ce restaurant aux doubles rideaux raffinés, aux portraits ornant les murs, aux bouquets de mariée sous verre. Le cocon de « Doudou », homosexuel joyeux, ami de Michou, qui changeait rideaux et nappes à la moindre occasion, pour la Saint-Valentin comme pour le réveillon russe. Un style de personnage qui n'existe plus. Le maire de Lourdes, dans ce lieu de fête déjanté, ça m'interpellait. J'imaginais Édouard Carlier, le flamboyant, dans une procession, un cierge à la main…

Au *Figaro*, on savait que Douste était mon ami. Ministre de la Santé, il m'avait convié à déjeuner au ministère. Un repas exécrable. Je lui avais conseillé de changer de chef, proposant de venir le tester. Plus tard, au ministère de la Culture, le repas fut de meilleure qualité, mais j'avais été effrayé par le nombre de jeunes chargés de mission qui s'agitaient dans les couloirs. Les mêmes que sous le ministère Jack Lang, toujours les mêmes sous François Léotard, ministre de la Culture de Chirac, qui n'avait pas eu l'audace de les congédier, glissant ses pas, sans état d'âme, dans les pantoufles de Jack Lang, l'ancien protégé de François Mitterrand. Il avait heureusement hérité de la belle Fête de la musique. C'est grâce à Jack Lang que le Fouquet's a pu être classé *in extremis* aux monuments historiques, échappant ainsi aux bulldozers. Mais c'est aussi lui qui a fait marcher le distributeur pour accorder la Légion d'honneur à la majorité des chefs français. Certains sont même arrivés au grade de commandeur. Pourquoi pas ! Mais ne faudrait-il pas la même chose pour les grands ébénistes, les grands tapissiers, les grands ingénieurs ?

Une habitude reprise ensuite par les ministres successifs.

Douste-Blazy a abandonné la politique française pour devenir, aidé par Chirac, secrétaire général adjoint de l'ONU.

Avec le Covid, il a enfilé à nouveau sa blouse blanche de médecin pour donner un coup de main lors de la flambée des contaminations. Et il a figuré sur une liste du 16e arrondissement aux dernières élections municipales. Un retour discret…

Un milliardaire hors catégorie a eu de l'amitié pour moi : Sylvain Floirat. Il en a eu surtout pour son protégé, Jean-Luc Lagardère. Propriétaire d'un hôtel de luxe à Mijas, face à la plage de Torremolinos, à quelques kilomètres des buildings, pas loin des somptueuses villas de Marbella. De chaque côté du palace flambant neuf, un parcours de golf de dix-huit trous. Et un centre de thalassothérapie, conçu par Louison Bobet, champion cycliste, élégant et cultivé, inventeur de la thalasso en France. D'abord à Quiberon, puis au Touquet. Enfin, à Biarritz, où son centre de remise en forme existe toujours. Dirigé au départ par Jean Bobet, son frère, coureur, grand garçon distingué et professeur d'anglais.

Également propriétaire de l'hôtel Byblos, à Saint-Tropez, Sylvain Floirat avait rencontré cet ami fidèle de Fausto Coppi, le *campionnissimo* italien, pour une raison toute simple. Son épouse était la mère de la troisième femme du champion, Françoise Jacquillard. J'ai adoré Françoise. Une jolie jeune femme intelligente et simple, aimable, toujours agréable. L'épouse de Sylvain Floirat possédait la même gentillesse et le même humour.

J'étais invité à visiter le Byblos Andaluz encore en travaux. Un dîner était prévu le soir de notre arrivée. Côté folklore, l'associé espagnol de Sylvain Floirat, qui possédait ses arènes personnelles ainsi que des taureaux, est arrivé à l'hôtel à cheval et botté. Il a fait une entrée remarquée, après avoir accroché les rênes de sa monture à l'anneau prévu à cet effet près de la porte.

Nous étions une vingtaine pour dîner, dont le directeur général du palace, débauché de l'hôtel Bristol à

Paris, les architectes, des notables espagnols, le patron du golf. Un dîner dans la simplicité et les gravats. Le vin espagnol coulait à flots. Un festin bien élevé. J'avais été placé face au président, son épouse à ma gauche. Les histoires fusaient, souvent osées… Une question me brûlait les lèvres. J'y vais. Silence dans la salle. J'interpelle Sylvain Floirat et lance ma question : « Monsieur le président, vous n'êtes plus très jeune et j'aimerais savoir : à votre âge, comment ça fonctionne encore au lit avec Madame Floirat ? » Il me fixe, l'air coquin. « Très bonne question, Monsieur Beaudoin. Je vais vous dire et ma femme peut témoigner. Une fois par semaine, j'ai le mât de cocagne… » Je sens des coups dans mon genou sous la table. C'est ma voisine, madame Floirat, qui approuve gentiment.

Je n'avais jamais joué au golf. Le lendemain du dîner, j'ai dû me résigner. On avait fait porter dans ma chambre un équipement complet de joueur : chaussures, clubs, polo, gant. J'ai foncé au club house pour demander un deuxième gant… Confus, on m'a appris qu'un seul gant suffisait…

Totalement néophyte, mais moins mauvais que prévu, je me débrouillais assez bien. Rencontrée sur le parcours, Françoise Bobet, excellente joueuse, avait fini ses dix-huit trous avec moi, rectifiant ma position et corrigeant mes tirs. Mon expérience golfique s'est arrêtée là. J'avais vraiment l'impression de perdre mon temps, d'autant qu'une partie dure des heures. Les vrais golfeurs ne sont pas de mon avis. Des malades ! Je connais de grands patrons qui ont perdu leur job pour avoir trop aimé les greens.

Le directeur du Byblos Andaluz était aussi nul que moi à son arrivée. «Je vais m'entraîner», m'avait-il expliqué. «Méfie-toi de ne pas délaisser ton boulot pour le golf», l'avais-je prévenu. Six mois après l'inauguration, il me téléphone : «L'hôtel fonctionne bien. Et j'ai fait d'énormes progrès au golf.» Je m'en doutais : il ne pensait plus qu'à ça. Le golf, le golf... Le premier directeur général du Byblos Andaluz n'a pas fini l'année à Mijas. Il avait oublié l'hôtel pour devenir un bon joueur. On s'était séparé de lui...

Sylvain Floirat s'était inquiété plusieurs fois de mon heure de départ de l'hôtel. Il ne voulait pas me rater et j'en fus heureux. Finalement, son épouse m'a demandé de passer les voir dans leur chambre. Floirat voulait seulement me dire qu'il m'aimait bien, qu'il m'avait apprécié. Je n'en revenais pas. Face à lui, il fallait être à la hauteur, le comprendre, rester modeste. J'ai toujours pensé que mon examen de passage avait été réussi...

Sa vie? Un roman. Cet homme, qui me témoignait son amitié, fils de facteur, avait été apprenti charron, carrossier, fondateur en 1936 des Autocars Floirat, puis de la compagnie d'aviation Aigle Azur, repreneur d'Europe 1, qui allait devenir la première station française, avec Maurice Siegel comme directeur. Patron d'Engins Matra, il donna le départ des 24 Heures du Mans en 1973, où couraient ses voitures face à Ferrari. PDG de Bréguet Aviation, président de la Compagnie française de télévision, administrateur du groupe Hachette, membre du directoire du groupe Filipacchi, président des producteurs français de truffes et maire de

Nailhac, en Dordogne, où il est né, décédé et où il repose au cimetière communal.

Repris par le groupe Hyatt, le Byblos Andaluz a été débaptisé. Il dispose aujourd'hui de deux cents chambres.

Le lieu demeure pour moi celui où le fils d'un facteur, devenu milliardaire, m'a témoigné de l'intérêt. J'ose pasticher l'écrivain et homme de théâtre Georges Perec, dont les textes ont été merveilleusement interprétés au théâtre de La Madeleine par Samy Frey. « Je me souviens de Sylvain Floirat, un ouvrier devenu riche, très riche. En Espagne, près de Marbella, il m'a demandé de passer le voir, dans sa chambre du Byblos Andaluz. Simplement pour me dire qu'il avait eu du plaisir à me rencontrer et à parler avec moi. »

* * *

J'ai souvent croisé la route d'Alain Dominique Perrin, président emblématique de Cartier. Il m'a rendu service. Chaque fois que j'ai fait appel à lui, la réponse fut immédiate. Et c'était oui…

Place Vendôme, j'ai déjeuné plusieurs fois dans la salle à manger de direction de Cartier, au sixième étage. On y mangeait bien et le vin était judicieusement choisi. On se rencontrait, toujours avec le même plaisir, avec l'inventeur des Must de Cartier. Les Must, des bijoux en nombre limité, à des prix abordables. Alain Dominique a été un copain fidèle, que je n'aperçois plus aujourd'hui. Il m'impressionnait. Il m'avait emmené déjeuner avec

César à la Fondation Cartier de Jouy-en-Josas et le moment avait été joyeux.

Il m'a fait connaître Arman, que j'ai retrouvé à Antibes, où il m'a servi de guide lors d'une rétrospective de ses œuvres, sur le port.

Je n'en revenais pas de voir comment le propriétaire du cahors Château Lagrezette touchait à tout, toujours dans le haut niveau. Plus tôt, il avait été l'exécuteur testamentaire de Claude François.

Quand j'ai lancé mon mensuel *Passions*, Alain Dominique m'a assuré une publicité Cartier en dernière de couverture, et ce pendant les dix ans de vie du magazine.

Lorsque je l'évoque, cette fidélité me touche énormément. Le monopole du cœur, Alain Dominique l'a toujours eu, bien ancré. Il n'a jamais oublié qu'il avait démarré chez Cartier comme commercial en 1969, chargé de la vente des briquets Silver Match.

* * *

Voilà trois ans, j'ai déjeuné à Paris avec Olivier Dassault. Au Gabriel, le restaurant deux étoiles de La Réserve de Michel Reybier, lequel ne cesse d'ouvrir des maisons d'exception à travers le monde. Dans le luxe Napoléon III du décorateur Jacques Garcia, le repas fut plaisant. Avec Olivier, nous nous retrouvions. Nous nous sommes rencontrés la première fois en 1978. L'homme d'affaires et pilote de Rafale possédait à ce moment-là une agence de publicité et *Le Figaro Magazine*, qui se lançait, avait besoin qu'il nous aide à travers ses annonceurs, comme l'avait fait Jacques Séguéla, dès le premier numéro, et, ensuite, Marcel Bleustein-Blanchet, que Robert Hersant pouvait contacter directement.

La cuisine de Jérôme Banctel, qui fut le chef d'Alain Senderens à la grande époque de Lucas Carton, d'une grande finesse, légère et goûteuse, n'eut pas de mal à convaincre Olivier, chasseur émérite et fin gourmet. Il me dit : « Maurice, fais-moi vite faire un tour de tes restaurants préférés. On prend des dates… »

Le Covid nous a empêchés de donner suite à notre projet. Puis le terrible accident d'hélicoptère… À table, plaisantant, heureux de vivre, comme voilà quarante ans, le sourire ne le quittait jamais. Il aimait la vie et ne s'en cachait pas.

Lui qui aurait pu s'offrir les galeries les plus prestigieuses, avait choisi, voici peu, d'exposer ses œuvres dans un restaurant modeste du 17e, à Paris : La Braisière, devenu le restaurant Jacques Faussat. Les convives les admiraient entre la dégustation du foie gras de canard et le pigeon flambé. Olivier appréciait le chef, Jacques Faussat, spécialiste du gibier.

Les photos d'un milliardaire accrochées dans un restaurant de quartier… Mieux qu'un long discours… Dans ma chronique hebdomadaire, j'avais relaté ce petit événement.

* * *

En me rendant aux obsèques de Michou, plutôt que me mêler à la foule des « officiels », dans l'église

Saint-Jean de Montmartre, j'avais choisi de rester debout, sur la place, mêlé aux vrais fans. Les pauvres de la paroisse, qu'il invitait chaque année à déjeuner dans son cabaret.

Il y a déjà longtemps, en 1985, nous nous étions retrouvés un midi avec Alain Juppé, alors maire du 18ᵉ, au cabaret, au milieu de dizaines d'habitants modestes du quartier, invités par Michou. Touchant de voir ces gens âgés et un peu tristes pousser la chansonnette sur la petite scène. Michou reprenait les ritournelles. Nous étions coincés au fond de la salle, le futur Premier ministre et moi. Impossible de quitter les lieux discrètement. Une marée humaine nous barrait la route.

Tous ces gens étaient là sur la place des Abbesses pour dire « au revoir » et chanter en chœur « Ça, c'est Michou », lorsque son cercueil bleu a quitté l'église pour rejoindre le cimetière Saint-Vincent, en haut de la Butte.

Michou l'avait juré : « Moi disparu, on ferme. » Sa nièce, son héritière, Catherine Catty, a décidé de continuer. Les fameuses « michettes », vedettes du spectacle, donnaient souvent des sueurs froides au propriétaire des lieux. Pas faciles à gérer, les belles transformistes. « Elles ont leur carte à la CGT », m'avait confié le roi des nuits parisiennes, en s'esclaffant. Qui aurait pensé que les imitatrices de Dalida, de Donna Summer étaient des militantes de ce syndicat, longtemps succursale du Parti communiste ?

Michou, tout le monde l'aimait. Il avait beaucoup bu, beaucoup vu. Il commençait sa tournée en fin de matinée dans un bar des Champs-Élysées pour la terminer dans son quartier après minuit. Il adorait sortir. Raffolait de la compagnie des femmes. Il savait repérer les plus jolies.

Fleur bleue, un été sur la Côte d'Azur, nous dégustions un verre de champagne sur la terrasse de l'hôtel Majestic. Impatient de me parler, il me confie : « Maurice, je veux te raconter quelque chose d'important. Hier midi, au restaurant L'Ondine, sur la plage, j'ai rencontré un jeune chirurgien-dentiste. Je suis fou de lui. Je voudrais te le présenter demain. Dîne avec nous. » Le lendemain soir, nous partons à plusieurs voitures pour dîner dans une étonnante auberge, à vingt kilomètres de Cannes, fermée depuis, où dans un enclos aménagé dans la salle à manger broutaient des chèvres… Nous étions sept, dont deux jeunes femmes. Dans une demi-obscurité, le dîner est joyeux. La conquête de Michou, un Suédois. Ne parlant pas notre langue, discret, il ne dit pas un mot de la soirée. Chacun se moque un peu de lui, plaisante sur le nouvel amoureux, lance des saillies. Arrive le café. Surprise ! Notre Suédois s'exprime en excellent français. L'ambiance est cassée. On ne rigole plus. On aurait dû être plus discrets. Mais Michou est toujours amoureux.

Le lendemain, je le retrouve pour la coupe de champagne d'avant le déjeuner. Michou sourit et lance : « Maurice, tu avais raison de m'alerter. Mon Suédois n'est pas chirurgien-dentiste. Et ce matin, en me quittant, il m'a réclamé de l'argent… »

Les personnages de l'envergure de Michou sont rares. Fidèle en amitié et à ceux qu'il aimait. Un an avant de disparaître, il m'avait téléphoné : « On ne se voit plus… Viens dîner avec ta femme au cabaret. Je t'attends. »

Le jour dit, il était là pour m'accueillir. Il m'a offert le champagne à sa table. « Je ne dîne pas avec toi, me dit-il. Tu seras plus tranquille avec Catherine et sa cousine. Bonne soirée ! » Michou : derrière sa gouaille, un gentleman.

Ce fut ma dernière rencontre avec ce personnage d'un autre siècle, attachant, exigeant. Et tellement fidèle…

X

Orson Welles à la Poularde

J'ai lancé le mensuel *Vacances Magazine* avec Pierre Doulcet, chroniqueur tourisme à Europe 1 et *Télé 7 jours*. Nous avions installé nos bureaux au bout de la rue Saint-Honoré, presque au Châtelet, alors que l'on démolissait les fameuses halles de Paris qui déménageaient à Rungis. Au septième étage des immeubles bourgeois de la rue, les locataires âgés des chambres de bonne ne voulaient pas quitter leur logement, alors que les bulldozers étaient au rez-de-chaussée. Les gens hurlaient.

Face à nos bureaux, on cassait à coups de bélier des immeubles magnifiques dont les portes d'entrée étaient décorées de majestueuses cariatides en pierre. Nous avions loué un bureau de trois pièces au premier étage d'un immeuble qui possédait plusieurs niveaux de caves. Les bananes mûrissaient alors dans le ventre de Paris et les fromages s'y affinaient.

Le premier jour de notre installation, nous cherchions où aller déjeuner. Le journal *L'Aurore* venait de consacrer une page aux restaurants survivant à la démolition.

Parmi les rescapés, l'immuable Tour de Montlhéry, rue des Prouvaires, de Denise et Jack, amis des artistes, archibondée toute la nuit, fréquentée par des groupes joyeux, étrangers en goguette, amateurs parisiens de côtes de bœuf, pieds de cochon, haricots de mouton et d'un foie gras d'anthologie. Y venaient également les flics du commissariat voisin, les inspecteurs et patrons de la brigade criminelle de Paris, tout proche. En 2020, le chef Bernard Noël était encore aux fourneaux. Vingt ans plus tôt, j'y avais emmené Joël Robuchon. Il n'en était pas revenu, lorsqu'on lui avait servi un onglet bleu, débordant de l'assiette. Un contraste. À l'époque, le grand chef proposait à ses clients du Jamin des portions dégustation, plutôt réduites.

Pour respecter la tradition de la Tour, à la fin du repas, nous sommes descendus à la cave, au troisième sous-sol, pour une dernière gorgée de champagne, servie par Jack dans une authentique tête de mort. J'ai déclaré forfait, mais Joël, « Poitevin la Fidélité » chez les Compagnons des devoirs unis, où il fit son tour de France, saisit la tête et lampa le Dom Pérignon.

Pour déjeuner, le jour de notre arrivée, nous avions finalement choisi un établissement proche, rue de l'Arbre Sec, tenu par Adrienne Biasin. Un comptoir en zinc et trois tables. Sur le comptoir, des seaux à champagne où baignaient de grands noms. Les rois des halles, bouchers et primeurs encore présents, fêtaient leurs bonnes affaires. Adrienne, derrière son bar, servait de prestigieux millésimes, aidée de sa sœur et d'une opulente amie, caissière chez Michou le soir. Malgré l'heure tardive, 14 heures, nous comptions bien déjeuner là.

D'ailleurs, un fumet engageant s'échappait d'une porte entrouverte, donnant sur la cuisine. « On peut déjeuner ? » Réponse cinglante : « Non ! Ici, on ne fait pas restaurant. » Parlementer ne servit à rien. Un verre de vin blanc et nous sommes repartis à l'aventure. Cinquante mètres plus loin, nous entendîmes trottiner derrière nous. « Finalement, la patronne veut bien vous servir quelque chose. Ce matin, elle a fait cuire deux poulets pour son pique-nique de demain. Elle vous en laisse un. »

Demi-tour. Grincheuse, Adrienne bougonne : « Je pose un poulet sur la table, assiette, fourchette, couteau et vous vous débrouillez. » « Vous auriez un petit vin ? » De la cave, elle remonte un Mission Haut-Brion, vendu au prix d'un bordeaux supérieur. On se régale. Nous liquidons le poulet. Il n'y a ni entrée, ni dessert. Seulement l'addition… Mais voilà une bonne adresse !

Le lendemain, nous nous torturons à nouveau pour savoir où déjeuner. « On se risque à retourner chez la vieille d'hier ? » Cette fois, Adrienne nous reçoit gentiment. Et il y a quelque chose à manger. À compter de ce moment, le café d'angle d'Adrienne deviendra notre cantine et, bientôt, un vrai restaurant. Peu après, elle inscrira sur la devanture « Chez la Vieille », le nom que nous utilisions (elle était au courant !). Avec mon associé Pierre Doulcet, nous lui avons créé sa clientèle, amenant rue de l'Arbre sec les journalistes d'Europe et RTL, du *Figaro*, les décideurs d'Air France. On y faisait d'étonnantes rencontres dans une atmosphère joyeuse.

Totalement inconnue, Adrienne Biasin est devenue une des reines de Paris. Toutes les semaines, elle donnait une recette dans *Madame Figaro*, dont le directeur artistique, le talentueux Martin Schmollgruber était un habitué. Il organisait de superbes fêtes au premier étage avec les plus beaux mannequins de la capitale. Adrienne fut engagée par TF1 pour une émission quotidienne.

Adrienne ne servait qu'au déjeuner. Son menu : une dizaine d'entrées à volonté, plusieurs plats au choix, souvent un épais foie de veau et des plats de ménage, dont le bœuf-carottes. Enfin, sept ou huit desserts. Champagne à l'apéritif offert à tous ses bons clients.

Le restaurant minuscule était complet toute l'année. Adrienne en cuisine, sa sœur au service. Lino Ventura passait souvent. Elle était un soutien actif de l'association Perce-Neige, qu'il avait fondée avec son épouse, Odette.

Un soir, Jacques Chirac a organisé un dîner de deux cents couverts à l'Hôtel de Ville en son honneur. Tous les grands chefs étaient là. En réponse au discours du maire de Paris, avant le dessert, Adrienne a pris la parole pour remercier. Elle a démarré son intervention en lançant : « Si je suis là aujourd'hui, c'est grâce à lui. Je lui dois tout. C'est Maurice Beaudoin. » Et elle tend son bras vers moi. J'ai dû me lever sous les acclamations…

La dernière fois que je me suis rendu chez « La Vieille » pour déjeuner, j'étais seul. Je n'avais pas réservé. Complet, comme d'habitude. Adrienne m'installe sur le coin du bar, devant une demi-bouteille de Mumm, Cordon rouge. J'attends un long moment debout. Bientôt, je lui dis : « Tu sais, je vais aller déjeuner ailleurs. » « Tu rigoles », me dit-elle. Elle réfléchit et se dirige vers une table un peu isolée, où un couple déjeune tranquillement. Elle leur dit quelque chose et revient vers moi : « Viens, tu vas déjeuner avec Michel Serrault et son épouse… » Un déjeuner très plaisant. Nous n'avons pas parlé cinéma. Seulement cuisine.

* * *

Séjournant à Roscoff, je demande aux hôteliers, monsieur et madame Crenn, de m'indiquer un site à visiter. Et me voilà parti à la découverte des abers, surtout l'aber Benoît, où je dois déjeuner. Long de trente et un kilomètres, traversant six communes, des champs et des bois, l'aber se jette dans la mer, non loin de la cabane qui abrite le restaurant réservé. J'arrive en voiture jusqu'au bord de l'estuaire. Le paysage ? Grandiose, majestueux, impressionnant.

Il est 13 heures. Le lieu est désert. J'aperçois la cabane/restaurant. Mais derrière une grille extérieure bloquée par chaîne et cadenas. Le restaurant est fermé. Bientôt, de l'autre côté du chemin, un grand gaillard s'avance. Je lui dis : « J'ai réservé dans le restaurant, mais il est fermé et il n'y a pas âme qui vive dans le coin. » Mon interlocuteur sourit : « C'est mon restaurant. Il est fermé. Alors, vous allez déjeuner chez moi. »

Interloqué, je le suis. « Nous sommes arrivés ce matin d'un voyage à l'étranger. Pardonnez-nous. Nous allons déjeuner simplement. »

L'homme se nomme Yvon Madec. Il est le propriétaire des huîtres de Prat-Ar-Coum et ses bassins d'élevage sont en bas de l'aber.

La table est mise. Au centre, un énorme plateau de fruits de mer et coquillages. Pour suivre, une langouste, juste saisie. Moment merveilleux d'hospitalité, de gentillesse. Ce jour-là, Yvon Madec m'a fait déguster les fruits de son travail quotidien. On s'est régalés !

Depuis ce jour, je connais le nom Prat-Ar-Coum. Des huîtres de grande qualité, dont je suis devenu un ardent propagandiste. À Paris, je jette souvent un coup d'œil sur le banc des écaillers et je leur demande s'ils vendent mes huîtres préférées. Je boude ostensiblement ceux qui n'en ont pas.

Je n'ai pas revu Yvon Madec depuis notre rencontre dans sa maison de l'aber Benoît. Plutôt qu'une carte de vœux, je reçois, le jour du réveillon, une bourriche de cent huîtres. Toujours des numéros trois.

Une année, Yvon m'avait envoyé des numéros un, géantes. Pour les ouvrir, j'ai dû y aller au marteau…

* * *

De mon appartement sur le port d'Antibes, il faut moins de dix minutes pour me retrouver dans l'hôtel le plus prestigieux au monde : l'hôtel du Cap-Eden-Roc. Les vedettes, qui se succèdent en mai, au festival de Cannes, y arrivent en bateau depuis la Croisette. C'est tout près et on évite les embouteillages. Aucun endroit au monde n'a reçu autant de personnalités : Hemingway, Stefan Zweig, Francis Scott Fitzgerald, Monet, Chagall, Picasso. Tout Hollywood y a séjourné. Jacques Chirac y est venu se reposer.

L'homme qui ouvre la portière de votre voiture avec le sourire, c'est Michel Babin de Lignac, l'employé le plus ancien. Les clients préférés de la vieille équipe : Clint Eastwood et Robert de Niro, qui y oublient leur statut de star. Peter Sellers, Romy Schneider, Serge Gainsbourg et Jane Birkin, Michael Caine, Rock Hudson et Doris Day furent des habitués.

Graydon Carter, qui y organisa de grands dîners pour *Vanity Fair*, explique dans le livre qu'il vient de publier pour le cent cinquantième anniversaire de l'hôtel : « Il y a des hôtels plus grandioses que l'hôtel du Cap, il y a des hôtels plus chers. Mais il n'y a aucun hôtel qui ait autant de raffinement dans son décor, ses ambitions et son service que l'hôtel du Cap. Il se dresse seul sur les falaises du Cap d'Antibes, comme un monde à part. »

Ce monde à part, je passe devant en me promenant en voiture et en pénétrant dans son jardin extraordinaire. Je laisse mon auto à Michel Babin de Lignac, le merveilleux voiturier, que j'ai rencontré ailleurs il y a bien longtemps. Et qui va finir sa carrière ici.

Mon appartement dans le vieil Antibes, je l'ai acheté il y a plus de vingt-cinq ans. La propriétaire était la belle-fille de Robert-André Vivien, député du Val-de-Marne, maire de Saint-Mandé, grand résistant, héros de la guerre de Corée. Son mari, manager de boxe, l'avait reçu en paiement d'une dette de jeu…

* * *

Lorsque je vais à Athènes, ma première visite est pour l'Acropole. Ses colonnes de pierre mènent vers l'éternité. Un pèlerinage, comme on va au cimetière, sur la tombe d'un proche. L'Acropole fait partie de mon histoire personnelle. Un ancêtre. Et le soir, je file à Pláka. Pendant le règne des colonels, je n'ai jamais cessé de m'y rendre. Certains refrains restaient interdits, mais je connaissais une adresse où un orchestre les jouait clandestinement, tard dans la nuit, sur une terrasse élevée. Je prenais un ouzo devant une assiette de feuilles de vigne, de beignets de courgettes et de boulettes de viande. Un acte sonore insensé de résistance. Quand les colonels ont été chassés et que Melina Mercouri est devenue ministre de la Culture, j'y suis retourné. L'établissement avait changé de patron, il n'y avait plus de musique et le résiné semblait moins bon. Personne n'a pu me dire où était passée l'ancienne équipe. J'ai dîné dans plusieurs endroits de Pláka, mais le charme était rompu. L'esprit qui se dégageait de cette terrasse, la chaude amitié des «conjurés» rêvant de liberté, des images pour le souvenir.

La Grèce, sa mer transparente, son ciel bleu, ses maisons blanches, ses ruelles à l'ombre, voilà les images de ce qui peut être un paradis. J'avais un secret bien gardé à Athènes. Je me rendais très rapidement en bord de mer par le métro, en descendant à la station Vouliagméni, le terminus. En vingt minutes, je me trouvais face à la mer. Les terrasses d'une dizaine de restaurants sur la plage. Aujourd'hui, il existe même un établissement étoilé. Mais ici, on ne vient pas pour ça. On ne joue pas au touriste. On ne demande même pas la carte, illisible, en grec. Direction la cuisine, dès l'arrivée. La cuisinière montre la pêche du jour, coquillages et poissons. Et elle dresse le menu.

C'est le miracle de ce pays, cette simplicité, cette liberté. À force de m'y rendre, j'ai pu écrire un guide des restaurants, publié dans *Vacances Magazine*. Les établissements les plus agréables d'Athènes n'avaient pas de secret pour moi. J'y étais attendu d'un séjour à l'autre.

J'ai été heureux à Athènes dans le luxueux hôtel Grande-Bretagne, place de la Constitution (Syntagma), avec une vue sur ce lieu magnifique, face au palais du Parlement, dont la principale attraction est la relève de la garde. Deux jours de vie de château, c'est bien. Mais les échoppes, les tables sur la plage, le pichet de vin frais et l'ouzo, servi dans un petit verre en début de repas, ces bonheurs minuscules suffisent. Le vent de la mer dans les narines, une chaise bancale devant la porte, une friture… On aimerait entendre un sirtaki de Míkis Theodorákis. On peut danser tout seul… Votre cavalière, c'est la musique.

* * *

Un sacré hasard. J'ai croisé Patrice Dard, le fils de l'écrivain Frédéric Dard, sur une plage de Praslin aux Seychelles, à l'époque où je passais de nombreux week-ends au château de Feuilles, propriété du restaurateur parisien Jean Minchelli. Le Tout-Paris allait passer des vacances dans ce lieu de rêve. Un matin, seul sur l'immense plage de sable blond de la Côte d'or, à trois kilomètres du château de Feuilles, trois touristes en tenue de bain passent devant moi. Patrice, sa femme et un de leurs amis, photographe culinaire, qui travaillait pour les pages gastronomie de *Madame Figaro*, que je dirigeais.

J'ai retrouvé Patrice Dard l'année suivante, au même endroit. Il réalisait un guide pour le gouvernement des Seychelles, qui lui avait loué une maison face à la mer, dans laquelle il s'était installé pour plusieurs mois. J'y suis allé dîner : un enchantement. Des amis adorables, une cuisinière locale aux petits soins qui leur confectionnait des plats du cru tout simples, des poissons grillés pêchés le matin par son mari.

À ce moment-là, Frédéric Dard habitait en Suisse. Je l'ai vu plusieurs fois à Paris. Je me rappelle même avoir pris le métro avec lui. Il avait évoqué sa famille à laquelle il était très attaché. En vieillissant, Patrice ressemble étonnamment à son père. Il a écrit quelques livres de cuisine, un autre sur les cocktails, avant de prendre la voie de papa et d'opter pour le roman policier.

Le photographe, quant à lui, possédait un studio photo vers Pontchartrain, dans la banlieue ouest de Paris. Pontchartrain, où se trouvait, sur la route nationale, au centre du village, l'hôtellerie du Coq hardi, tenue par Sam, restaurateur étoilé, éleveur de coqs savants et de poules pondant, étonnamment, à la demande. Le shah d'Iran était un des habitués lors de ses passages à Paris. Dans *France-Soir*, Carmen Tessier ne manquait pas de relater ses passages au Coq hardi dans ses « potins de la commère ».

Le photographe me parla de sa relation avec Orson Welles, qui, à cette époque, habitait en France avec Oja

Kodar. Ils y sont restés de 1970 à 1974. Leur maison d'Orvilliers existe encore, enfouie sous la verdure et ornée de ses lucarnes d'origine. Mais, à l'emplacement de l'immense parc, un ensemble immobilier de maisons individuelles… En face, Le Relais gourmand est toujours là. L'acteur traversait la rue pour y aller dîner. Dans sa maison, Welles a tourné *Vérité et mensonges* et *The Other Side of The Wind* (*De l'autre côté du vent*). Deux rues rappellent son souvenir : la rue Orson-Welles et la rue Citizen-Kane.

Orvilliers, c'était aussi le village de Georges Pompidou, où il avait sa résidence secondaire et passait ses week-ends. Il y repose sous une dalle toute simple, près de son épouse, Claude.

Toutes ces connaissances m'ont mené jusqu'à Houdan et son restaurant La Poularde, où j'ai finalement déjeuné avec Orson Welles, en tête à tête, un dimanche. Le génial acteur parlait bien français, aimait la France, adorait la table. Pas de difficulté pour la conversation. D'autant qu'il était comme moi passionné par les jardins, les fleurs, les vieilles pierres.

Ce moment privilégié avec un génie me revient souvent à l'esprit. Je me dis que tout peut être simple. Avec Orson Welles, ce jour-là, nous prenions du plaisir à être ensemble et à évoquer simplement la vie de tous les jours. Comme Georges Perec, je me souviens…

* * *

En regardant la carte du monde, un autre souvenir : un séjour à Srinagar, capitale du Cachemire, face à l'Himalaya. J'habitais un *house-boat* d'été, où nous devions marcher pieds nus. Je suis revenu avec des mycoses… Le Cachemire, surprenant, mystérieux.

Tous les matins, j'allais me balader seul dans les ruelles grimpant vers les hauteurs de Srinagar. Pas d'automobile pour se rendre sur les collines de la vieille ville. Toutes les livraisons se faisaient par voitures à bras. Il y avait des motos pétaradant dans la ville du bas, plus moderne, mais elles ne montaient pas dans les ruelles. J'avais été intrigué de voir, de revoir, des hommes enveloppés jusqu'aux pieds dans leur tenue traditionnelle, immobiles au centre des rues pavées.

J'ai voulu en savoir plus en surveillant discrètement ces hommes accroupis. En voyant l'un d'eux se relever, j'ai compris… Les toilettes, c'était au milieu de la rue. Les habitants y faisaient leurs besoins, sans se gêner.

À Srinagar, on peut vivre dans un *house-boat*, y manger, y dormir. On est pris en charge par la famille à qui appartient le bateau. La plupart de ces habitations sur l'eau sont installées sur le lac Nageen Dal. On peut aussi louer des habitations de pêcheurs, et se déplacer sur les fameuses barques à baldaquin.

Le bonheur, c'est de voir les barques des marchands de légumes, de fleurs ou de poissons approcher de votre *house-boat* pour vous vendre votre déjeuner. Les couleurs des bateaux, des victuailles, quel dépaysement, alors qu'en même temps, vous admirez les neiges du toit du monde. À signaler, les *house-boats* restent à quai.

Une photo de Rudra Narayan Mitra, prise en 1974, résume le lieu : les reflets des montagnes de l'Himalaya sur le lac Dal. J'ai pris moi-même de nombreuses photos noir et blanc à Srinagar. Mon voyage était organisé par Leica. J'avais reçu, à mon arrivée au Cachemire, un appareil photo prestigieux. On m'a appris à faire des portraits des gens de l'endroit à la volée sans regarder dans le viseur. On peut ainsi « saisir » les visages.

* * *

J'ai vécu une aventure étonnante en mer de Chine. En embarquant aux Philippines, je préférais ignorer le confit permanent qui existe entre Brunei, l'Indonésie, la Malaisie, les Philippines, Taiwan, la Chine, le Vietnam, pour la reconnaissance d'îles, d'îlots, voire de récifs, en raison des droits de pêche. En 1946, la France s'était même installée sur l'île Pattle, dans les îles du Croissant, mais avait décidé d'évacuer le lieu en septembre. Ces problèmes stratégiques ne sont toujours pas réglés aujourd'hui. Ainsi, le 18 novembre 2021, les Philippines ont même accusé les garde-côtes chinois d'avoir tiré au canon à eau sur deux bateaux ravitaillant le personnel militaire philippin en mer de Chine méridionale.

Je pris donc, en 1976, le bateau à Manille. Avec des confrères du *Figaro*, de *Match*, du *Nouvel Obs,* nous partîmes pour une croisière inaugurale de huit jours, organisée par Jet-Tours, filiale d'Air France. Un groupe sympathique, composé de professionnels brillants, totalement dénués d'ego. Ce qui est rarement le cas dans ce genre de voyages.

Top départ. Notre navire s'élance. Après deux heures de navigation, un avertissement : un typhon est annoncé. Il nous faut gagner d'urgence une crique protégée.

Nous n'en sommes pas loin. À bord, nous trouvons cet incident cocasse. Nous passons à table. Excellente cuisine. Nous demandons à Jean Creiser, notre compagnon du *Figaro*, de choisir les vins. Il s'y connaît et ne se gêne pas. Nous trinquons au Mouton Rothschild et au Château Margaux. La carte ne propose que de grandes bouteilles...

Dans la baie, nous ne sommes plus seuls. Nous avons été rejoints par des navires au long cours, venant de loin. Leurs frigos sont vides. Notre commandant leur cède des vivres. Nous étions partis pour huit jours de mer. Nous avons des réserves. Et, en principe, l'alerte devrait être levée très vite. Trois jours plus tard, nous sommes toujours à l'ancre, dans la baie. Les bateaux sont de plus en plus nombreux. Et nos vivres presque épuisés. Nous vivons comme des zombies. Retrouvailles le matin, au déjeuner et au dîner, un saut dans la salle des fêtes à 21 heures. Très vite, nos frigos sont vides.

On passe tout de même à table. Rien dans les assiettes, mais la cave est riche. Les grandes bouteilles défilent. On boit pour survivre. Je pense à la note qui attend Jet-Tours : nous vidons l'incroyable cave.

Trois jours plus tard, plus de tornade à l'horizon. Le bateau peut rentrer à Manille. Nous sommes logés au Sheraton. On dîne tous ensemble. Quelques achats dans les boutiques de luxe du palace. Demain, tôt, nous reprenons l'avion pour Paris. Nous débarquons à Roissy dans l'indifférence générale. Nous pensions que notre typhon, les bateaux confinés, avaient fait la une des quotidiens nationaux. Rien de tout cela. Les familles venues nous chercher ont du mal à nous croire. Un vrai flop !

On garde les anecdotes pour nous.

Chaque compagnon de voyage embrasse notre accompagnatrice d'Air France-Jet-Tours, Jany Tournière, qui va bientôt avoir la tâche de présenter la note des grandes bouteilles qui nous ont aidés à survivre…

* * *

Mon dernier Paris-New York en Concorde n'a pas manqué non plus de pittoresque. *Le Figaro Magazine* invitait ses annonceurs importants quatre jours à New York. Depuis plusieurs mois, le voyage était peaufiné dans ses moindres détails. Des journées éblouissantes à prévoir.

Nous accueillons nos invités dans le salon Concorde de Roissy. Champagne, petits fours, remise du programme. Nous montons dans l'appareil. Chacun s'installe. Nous décollons. Une demi-heure plus tard, un message du commandant de bord : « Nous avons un problème pour franchir le mur du son. J'avais laissé les commandes à mon second. Je les reprends. Tout va se régler. »

Dix minutes plus tard, la voix du commandant : « Impossible de franchir le mur du son. Nous rentrons à Roissy. »

Débarquement. Nous revoilà dans la salle d'attente. Les passagers se dispersent. Dans les toilettes, j'entends un couple, pas rassuré : « J'ai la frousse. Je crois que nous allons annuler. » Ça discute. Notre groupe reste calme. La pause pour contrôle et réparations doit durer une heure. Nous décollons, après une attente de deux heures, avec le même équipage. C'est reparti !

Une demi-heure plus tard la voix du commandant : « Ça ne fonctionne toujours pas. Nous regagnons Roissy à nouveau. Nous allons changer d'appareil. » Les passagers s'exclament, mais personne ne proteste. Certains décident de rentrer chez eux et de remettre leur voyage.

Notre groupe est toujours joyeux, optimiste, mais l'organisation à New York est bouleversée. Tout est remis en question. Stoïques, nous patientons.

Nous démarrons trois heures plus tard avec un retard de cinq heures. Nous en rigolons. Un autre appareil, un autre équipage. Le passage du mur du son parfait. Un vol sans histoire de trois heures et demie.

Dans notre groupe de personnages importants, pas une critique, pas de protestation. Solidarité sans faille. Un sacré souvenir pour tous.

XI

Les chaussures vernies de Laurent Fabius

Le poème de Paul Éluard me sert de boussole depuis l'adolescence. Ce qui dépasse tout, guide chaque réflexion, chaque démarche, toute décision, c'est cette notion de liberté.

Sur la tombe de Níkos Kazantzákis, auteur d'*Alexis Zorba*, d'où est tiré le film de Michel Cacoyannis, sur la musique de Míkis Theodorákis, *Zorba le Grec*, est inscrit : « Je n'espère rien, je ne crains rien, je suis libre. » Il est inhumé sur les remparts d'Héraclion, ville antique romaine de Crète, au milieu d'un parc avec vue sur la montagne. Il fut interdit de cimetière par l'Église, ultime attaque à la liberté subie par l'écrivain et journaliste, envoyé spécial en Espagne pendant la guerre civile. Kazantzákis affirmait : « Un homme véritable est celui qui résiste, qui lutte et qui n'a pas peur, au besoin, de dire non. Même à Dieu. »

Dans le vieil Antibes, où il a écrit une partie de ses œuvres, dans cette ville du sud à laquelle je suis attaché, il avait acheté une petite maison au numéro 8 du bas de la rue Castelet, surplombant la place du Safranier. Au-dessus de la place, une plaque commémore le séjour du poète dans sa maison, là où il rédigea *Zorba.*

La liberté guide mes pas[1], c'est le titre d'un livre de Louis Pauwels, recueil de ses chroniques dans le *Fig Mag*. Je m'interroge. En devenant un homme très dévoué à Valéry Giscard d'Estaing, dès le lancement du magazine en 1978, Louis n'avait-il pas oublié la notion de liberté ? Mais moi aussi, plus tôt, en militant de manière inconditionnelle au RPF, par dévotion au général de Gaulle, n'ai-je pas failli à mon désir de liberté ?

Je gardais pourtant l'esprit clair lorsque, à vingt-deux ans, je vendais *Le Rassemblement* sur le marché Charras à Courbevoie. Je discutais toujours avec les militants communistes de marxisme et de leur alignement sur Moscou. J'étais persuadé qu'en venir aux mains n'était pas une façon de convaincre un adversaire. Nos rapports étaient courtois.

Un jour, je n'ai plus été en phase avec le général. Au référendum du 27 avril 1969, sur « la création des régions et la rénovation du Sénat », j'ai voté « non ». J'estimais qu'il y avait d'autres urgences. Je suis redevenu libre. Militer pour une cause, oui, mais il faut savoir refermer la parenthèse. L'esprit libre, ça honore, ça rend fier. Comme l'écrit Émile Ajar (le pseudonyme de Romain Gary), dans *L'Angoisse du roi Salomon* : « Quand on sait ce qu'on cherche, c'est déjà un peu comme si on l'avait trouvé. »

1. Albin Michel, 1984.

La liberté, on l'étudie au programme de terminale. «Renoncer à sa liberté, c'est renoncer à sa qualité d'homme, aux droits de l'humanité, même à ses devoirs», affirme Jean-Jacques Rousseau dans *Le Contrat social.* L'exigence suprême, c'est l'exigence de vérité.

Nul besoin de lire les philosophes et leurs théories fumeuses, incompréhensibles, pour savoir combien la liberté est précieuse. La liberté était au bout des armes des GI's ou des hommes du commandant Kieffer, lorsqu'ils ont débarqué sous les rafales allemandes sur les plages de Normandie. Ils étaient des hommes libres qui allaient mourir pour la liberté des autres.

* * *

«La volonté trouve, la liberté choisit», a écrit Victor Hugo. Être un homme libre, c'est être heureux. Je l'ai toujours été dans les fonctions que j'ai occupées. L'argent ne m'a jamais guidé. J'ai eu des propositions ailleurs. Mais il y avait une ligne à suivre. Obligatoire de ne pas s'en écarter. Je suis resté où j'étais. Sous Lazareff, Hersant, comme sous Dassault, la liberté ne s'est jamais dérobée. Une vraie chance. Je suis le même rêveur qu'à vingt ans. L'argent, c'est bien, le jour où il vous permet de ne plus tirer le diable par la queue. Le jour où ça m'est arrivé, j'allais atteindre la quarantaine.

Je déjeunais à La Tour d'Argent, avec son propriétaire, Claude Terrail, et Jean Tibéri, à l'époque maire de Paris. Un maître d'hôtel s'approche : «On demande Monsieur Tibéri au téléphone.» Le maire se lève et se dirige vers la cabine à la sortie de la salle à manger.

Le portable n'existait pas encore. Claude Terrail se redresse et me lance : « Maurice, profitons de ce que nous sommes seuls. J'ai une information confidentielle pour toi. Pressons-nous avant que Tibéri ne revienne. » J'écoute, intrigué. Claude se dresse derrière la table. Impressionnant !

Il me dit : « Maurice, je voulais que tu le saches. Je suis riche… »

Abasourdi par cette surprenante révélation, je réponds : « Claude, je suis content, vraiment content pour toi. »

Et le maire de Paris revient s'asseoir.

* * *

Plusieurs années plus tard, au Byblos Andaluz, mon ami Jean Veyssade occupe, pour la semaine, une petite maison sur le golf et projette d'inviter plusieurs amis le lendemain. Il veut du homard pour le déjeuner. Un mets introuvable dans les poissonneries de la région de Torremolinos. Nous partons tous les deux dans sa voiture de location. Peu avant le supermarché, il me dit : « Maurice, je veux te parler. On va s'arrêter. » Il se gare sur le bas-côté et me lance : « Tu sais que je t'aime bien et je veux que tu le saches : je suis riche ».

Je lui réponds : « Content pour toi. Mais comment fais-tu pour être aussi riche ? » « Je ne suis pas seulement conseiller fiscal de grandes sociétés. Je possède aussi des entreprises. » Je le questionne. « Une entreprise de nettoyage de bureaux et d'autres bricoles. » La confidence terminée, Jean redémarre vers le supermarché.

Le lendemain, nous dégustons le homard dans sa maison sur le golf. Nous sommes plusieurs couples. Jean a invité les inspecteurs des impôts de Neuilly et des arrondissements cossus de Paris…

Tous passionnés de belote.

Je pense à une phrase de ma grand-mère maternelle qui m'avait choqué, mais surtout peiné. Je travaillais alors à Cinéma et Publicité, à l'atelier de montage de films, à Saint-Denis. Je passe voir ma mère et j'entends ma grand-mère lui dire : « Maurice, il n'est pas sans l'sou. » J'y pense encore parfois. Par rapport à sa vie précaire, veuve et ouvrière à la Sociéte des câbles Geoffroy-Delaure, à Asnières, ma grand-mère pensait que j'étais riche.

* * *

J'ai été très lié avec un grand tailleur parisien, André Bardot, célèbre après la dernière guerre pour avoir inventé en France les vestes de costume à col Mao. Il m'avait taillé un ensemble sur mesure, bleu, avec le fameux col. Je le conserve en souvenir, même si je ne rentre plus dedans.

Tous les mois, nous allions dîner derrière la place du Tertre, en face du cabaret de Patachou. Lorsque le propriétaire a vendu, les touristes ont envahi l'endroit. Nous avons alors transféré nos dîners en bas de la Butte, dans un petit bistrot, L'Entracte, rue d'Orcel, tenu par un couple, plus très jeune, lui au comptoir, elle en cuisine. On se régalait dans cet endroit chaleureux, un seul serveur maniéré, mort plus tard du sida. Le restaurant existe toujours, avec Gilles, cuisinier patron montmartrois.

André Bardot, homosexuel discret, était en couple avec un monsieur Cartier, roi du patin à roulettes – avant la mode du skate-board –, dévalant l'avenue de la Grande-Armée à une vitesse folle. Un mois après la mort d'André, une fois l'héritage touché, il a abandonné les hommes pour vivre avec une jolie femme. J'étais triste pour André, mon vieil ami, à qui j'ai dit adieu sur son lit de mort, avant qu'il ne soit enterré à Vichy.

André Bardot m'a appris l'élégance. Lorsque nous dînions parfois avec l'adorable Jean Marais, les convives faisaient tous un effort. Nous nous retrouvions dans le bistrot, proche du théâtre de l'Atelier, où Michou débarquait en voisin. Le mot d'ordre était l'élégance.

À l'époque, pour aller travailler au *Figaro*, nous soignions notre apparence. J'en garde une collection de cravates impressionnante… Mon modèle : le roi du Maroc. À mon avis, Hassan II fut l'homme le plus élégant du monde.

J'avais suivi Louis Pauwels chez le tailleur des hommes politiques, Avila, qui habillait, entre autres, Olivier Guichard et des cavaliers de l'équipe de France d'équitation. Au premier étage, au fond d'une cour pavée de la rue Montmartre, à cinq minutes des anciennes halles. Un merveilleux endroit croulant sous les étoffes. Monsieur Sevilla, adorable, recevait les clients, assisté de sa fidèle collaboratrice, Germaine.

Et là, nous parlions. De tout. De politique, de mode, des journaux. Puis, à regret, nous passions aux mesures, aux ajustements. Un bonheur, cette caverne d'Ali Baba, tenue par un cavalier tailleur.

Monsieur Sevilla m'a envoyé son fils, Jean, entré au *Fig Mag* comme secrétaire de rédaction. Il y tient toujours une chronique et est devenu un historien reconnu, célèbre pour son inaltérable sérieux.

Grâce à la maison Avila, j'ai connu des années chic. J'étais bien habillé et ça se remarquait…

J'ai également rencontré l'élégance et la distinction lorsque nous avons déjeuné avec Laurent Fabius, avenue Matignon, dans l'hôtel particulier du *Figaro* de l'époque. L'ancien Premier ministre, actuel président du Conseil constitutionnel : une figure de mode. Ses gestes, ses positions mettaient en relief la qualité du tissu, la coupe du costume. Les chaussures ? Étincelantes. À l'apéritif, il avait croisé les jambes.

La brillance de ses souliers fascinait… L'élégance, c'est un atout.

* * *

Le pouvoir, on peut le savourer sans être PDG ou immensément riche. Le pouvoir, c'est être le patron de quelque chose. Déjeuner avec un homme de pouvoir est toujours agréable. Et, si l'homme de pouvoir, c'est vous, c'est encore mieux.

Au restaurant, on vous déniche la meilleure table. Le voiturier vous connaît. Le directeur vous accueille, le vieux barman passe dire bonjour. La commande ? Facile ! Le maître d'hôtel sait ce que vous aimez. Il propose. Flatté, vous dites oui. Et vous vous régalez. La vie est belle. Mais votre statut se mérite. Il faut laisser un bon pourboire au maître d'hôtel comme au voiturier. Les serveurs le savent et font circuler : vous êtes catalogué parmi les clients généreux. On vous aime aussi parce que vous êtes sympathique. Quel privilège d'être toujours bien reçu et d'avoir l'impression que l'on vous apprécie !

J'ai mené une belle vie. Je n'ai jamais été radin, compte tenu de mes situations successives. Un jour, quittant la table de Joël Robuchon, à Saint-Germain-des-Prés, j'ai entendu un maître d'hôtel dire, derrière mon dos, à son collègue : « Maurice, c'est un type qui se conduit toujours bien avec nous. » Nous étions deux convives. J'avais laissé soixante euros de pourboire. Je me conduisais normalement. J'ai hélas constaté que ma générosité était rarement partagée…

Déjeunant souvent seul au Gavroche, le bon bistrot, comme on les aime, de la rue Saint-Marc, je regardais souvent les couples homme/femme du midi. Lui faisait des avances avec des idées précises, elle écoutait, attentive. Au moment de l'addition, l'amoureux impatient ne se précipitait pas pour payer. La jeune femme sortait alors son porte-monnaie.

Cette anecdote reste valable à plus grande échelle. Nous vivons une époque où beaucoup d'hommes sont d'affreux pingres. Il suffit de regarder autour de soi. J'ai connu le temps où l'on se battait pour régler. Terminé. Chacun pour soi. Chacun sa note. On partage…

Mais le pouvoir est de toutes natures. J'ai le souvenir de m'être rendu chez un des meilleurs poissonniers de la capitale dans le quartier Montparnasse. Je connaissais un peu le patron. Je le cherche derrière l'étal. Je ne le vois pas. Je commande. Au moment de passer à la caisse, je l'aperçois, il me salue et s'enquiert de ma commande. J'énumère. Il saisit mon paquet déjà prêt et le récupère. Et me sert d'autres poissons. De l'extra-frais arrivé du matin…

* * *

Je suis heureux de traverser la vie la fleur au fusil. Très jeune, j'ai décidé d'être heureux. Chez beaucoup, rien ne va jamais. Trop chaud, trop froid, mon voisin me regarde de travers, ma femme me fait la gueule.

Moi, la caravane passe… sans heurts. Je refuse l'affrontement. Si problème il y a, on discute. Car je veux bien discuter, mais de l'essentiel. Pas sur l'intendance ni sur la bricole. À la maison, la sauce est toujours bonne. Mais si elle est ratée, je m'en contente et je me tais.

Comme on dit aujourd'hui, je positive.

Regardez les livres. Si on veut devenir positif par la lecture, c'est facile : *La puissance de la pensée positive*, *Transformer votre vie*, *Une pensée positive par jour*. Le choix est vaste. Oui, mais être positif, c'est une position de l'âme. Comme « aimer son prochain » évite obligatoirement les conflits.

Un jour, la femme de Georges Penchenier, grand reporter talentueux à l'ORTF, m'a dit : « Toi, Maurice, je te plains. Toujours souriant, aimable, chaleureux, près des autres. Pas possible, c'est minable ! »

Cette remarque m'avait ébranlé et j'étais resté interloqué, abasourdi. C'était la première fois que l'on s'attaquait à ma joie de vivre, que l'on me prenait pour un type étrange, un peu benêt… Comme Churchill, « j'agis comme s'il était impossible d'échouer ». C'est sûr, finalement, je suis positif. Et, comme le précisait Albert Camus, « il n'y a pas de honte à préférer le bonheur. »

Alors je fais comme à l'habitude et n'ai pas l'intention de changer. Je laisse les autres à leur pessimisme. Et je continue dans mes rêves. J'ai l'impression que je vieillis bien. Je continue à travailler. Je suis parfois débordé. Quel bonheur ! Et quand je vois un coin de ciel bleu, je l'emmagasine.

Et puis je ne suis pas seul. Près de moi, j'ai été aidé. On m'a aimé hier, on m'aime aujourd'hui. Je me suis remarié en pensant « on verra ». J'ai fait une sacrée affaire : Catherine est une merveille.

J'adore relire Camus. Lui aussi, on l'a aimé. Le 23 février 1950, il écrivait à Maria Casarès, son grand amour : « Ce que chacun de nous fait dans son travail, sa vie, etc., il ne le fait pas seul. Une présence qu'il est seul à sentir l'accompagne… »

XII

« Avoir plaisir à l'œil »

« Avoir plaisir à l'œil. » C'est une phrase de Romain Gary, dans son livre ultime, signé Émile Ajar : *Les Cerfs-volants*. Cette phrase me poursuit et résonne en moi en de nombreuses occasions. Les objets qui peuplent un univers quotidien, le bleu jaillissant d'un tissu à fleurs, une toile de Daubigny montrant un voilier à l'ancre dans le port de La Rochelle, un tapis accentuant l'ambiance lumineuse d'un salon. Posez-vous la question et guettez ce qui fait plaisir à votre œil. Ce peut être aussi une boucle blonde ou le sourire d'un enfant.

Pourquoi pas une scène étonnante ou une rose qui perd ses pétales ? Les réponses à cette phrase de Romain Gary peuvent traîtreusement débusquer, démasquer un individu. On peut tenter d'esquisser son portrait en étudiant les réponses.

Rencontrer Michou me faisait plaisir à l'œil, à cause de l'amitié qui se dissimulait derrière son sourire. Un matin, à Saint-Tropez, je prenais le petit déjeuner face à la terrasse de la chambre de Michou. Il me voit. Je lui lance «Descends me rejoindre!» Il arrive, ses jambes bronzées, glissant de son peignoir blanc. Des jambes de star. J'avoue que j'ai eu «plaisir à l'œil». L'avis d'un amateur d'art... Une toile de Fernand Léger me fait aussi plaisir à l'œil. Là, uniquement pour l'esthétisme. Et aussi parce que je me tiens à la marge, en admirant l'œuvre d'un communiste engagé. Un stalinien ultra.

Les toiles de Léger dépassent de très loin mes moyens. Je me contente d'une reproduction très ordinaire. Mais j'ai plaisir à l'œil, et même aux deux yeux, en regardant plusieurs fois par jour un tableau qui m'interpelle et dont je ne me lasse pas.

Lorsqu'on est marié depuis soixante ans, votre femme vous a sûrement fait plaisir à l'œil. Et votre œil s'est habitué. Votre œil est moins vif, son minois moins souple. Si vous avez toujours plaisir à l'œil, malgré vos cataractes réciproques, c'est que votre vie est sereine. Et que votre œil n'a pas envie de baisser le rideau des paupières...

* * *

Un quatuor de Mozart se déguste les oreilles aux aguets; le silence, lui, s'écoute les oreilles au repos. Le silence est un luxe.

Je travaille mon silence, je l'organise. Pour faire le vide, il ne faut penser à rien. Si on veut réfléchir à un fait précis, il faut ouvrir une parenthèse au cœur du silence, parenthèse qu'il ne faut pas oublier de refermer. Sinon, la débandade s'installe.

En pratiquant ainsi, on arrive à se discipliner. À contrôler le fonctionnement de son cerveau. Si je me réveille la nuit, mon souci est de me rendormir très vite. Je ne dois penser qu'à ça, à ça, à ça.

Si je m'évade, le sommeil s'en va, ne revient pas. Il faut à nouveau tout contrôler. Finalement, la tour de contrôle, bien entraînée, fonctionne. Elle obéit. Mais il faut être vigilant, ne pas dévier.

Si on ose interrompre mon silence, lorsque je réfléchis, alors que ma tête travaille, je suis furieux de cette intrusion, qui stoppe la réflexion, détruit l'ordonnance des idées.

« Quelle musique, le silence », a écrit Jean Anouilh. Pour savoir la percevoir, il faut s'éduquer à entendre le silence.

À l'heure où le son déchire parfois les oreilles, où beaucoup cachent leur ennui derrière le bruit de leur autoradio, où certains hurlent pour s'exprimer, le silence est un refuge. On peut être sur une piste d'atterrissage et obliger sa tête à effacer le bruit. On y parvient.

Pris dans le piège d'une conversation, sans intérêt, facile de s'isoler, de ne rien entendre, de se boucher fictivement les oreilles, mais difficile après la tempête de se réintroduire dans les phrases des uns et des autres.

Paul Éluard résume : « Tu fais des bulles de silence dans le désert des bruits. »

* * *

Deux passions m'ont aidé à traverser, heureux, les étapes de ma vie. La nature et les objets. J'écris ces lignes en Bretagne, chez Nadia et Jean-Marie Floquet, mes amis. Écrire à l'orée d'un grand bois, cerné par des ifs en boules et des hortensias géants, bercé, sous le soleil déclinant, par le chant des oiseaux qui jacassent. À défaut de roucouler, on peut converser et siffler avec eux.

Ce matin, j'ai fait la connaissance d'un personnage qu'on croirait sorti d'un roman : un taupier. Harnaché d'une tenue de combat, inspiré de celle d'Harrison Ford dans *Les Aventuriers de l'arche perdue*. Un baroudeur, avec un chapeau de ranger. Autour de la ceinture des pièges en fer et le butin de la matinée : quatre taupes, victimes de sa guillotine.

Le taupier, un homme bon et communicatif, héros des pelouses des résidences secondaires et du gazon élégant des terrains de golf. Car la taupe raffole des gazons bien taillés, pour y installer des mottes d'une terre bien propre, aux grains extrêmement fins. La taupe, méticuleuse, est toutefois priée de ne pas sortir de son trou sous peine de mort. Le taupier précède le fossoyeur, même si le manteau en taupe n'est plus à la mode.

Oui, les fleurs, les arbres peuvent apporter de la richesse. Avec le confinement, les citadins ont découvert, étonnés, qu'un carré de verdure peut apaiser les angoisses, qu'un bout de terrasse en pleine ville freine les emportements.

* * *

Aujourd'hui, on trouve en France des jardineries à toutes les sorties de ville. C'est bon signe. Les Français aiment les fleurs. Contempler un joli bouquet, c'est la meilleure façon de trouver la sérénité.

Dans ma maison, à la campagne, j'ai planté, replanté. J'ai tout conçu. Au début, un immense potager. J'avais acheté une moto bêche, et hérité de la binette de mon père. Courbé du samedi matin au dimanche soir sur les haricots verts, les fraises, et même les asperges, ce travail manuel me détendait. Courbez-vous face à la terre et les soucis s'envolent.

La grande tempête de 1999 a couché mes arbres fruitiers : un majestueux prunier à reines-claudes, deux poiriers, deux pommiers, un pêcher, quatre pruniers à mirabelles. Sans compter un saule pleureur et un liquidambar. Lorsque j'ai constaté la désolation, tous ces arbres couchés sur le flanc, j'ai eu un choc. J'étais dévasté.

Sur la route de Paris, en rentrant après cette vision de cataclysme, j'avais déjà décidé de ne plus planter d'arbres en remplacement. En pénétrant dans Paris, j'avais fait mon deuil de mes arbres, mes vieux compagnons. Et décidé de créer une roseraie, divisée en plusieurs allées, pour réaliser un jardin de roses.

On m'a offert des roses Guillot, obtenteur français de roses anciennes. Ce fut le premier rang de ma future roseraie. Un souvenir s'y rattache et j'y tiens beaucoup. J'ai continué les rangées. J'ai ainsi découvert les roses anciennes anglaises. Je n'aime plus que ça.

Pour celles de David Austin, il n'y a que la Manche à franchir. J'ai ainsi découvert le plus célèbre producteur de roses anglaises anciennes au monde. Mes trois cents rosiers ont été cultivés dans ses roseraies, avant d'être expédiés vers ma campagne et plantés dans mes terres. Fin juin, mon jardin de roses Austin est un jardin des merveilles. Les planter, les sentir, les tailler, les contempler, quel bonheur. Mais leur beauté a d'autres vertus. Bien calé dans une chaise longue, en vis-à-vis de ces bouquets vivants et gracieux, un voile bienfaisant vous imprègne.

* * *

En plein confinement, François Cheng m'a apporté sa lumière. Via *Le Figaro* du 20 avril 2020 et un article de l'académicien, écrivain, poète, calligraphe, né en Chine en 1929, naturalisé français en 1971. Une chronique sur le confinement. Comme une éclaircie sur la vie cloîtrée du moment, ni savante, ni prétentieuse.

« Face au confinement, nos objets familiers peuvent être un soutien, un réconfort. Avant, on entretenait avec vénération les meubles légués par les aïeux… Le confinement est l'occasion de réapprendre la valeur des choses qui nous entourent. Un bout de ruban, une épingle même, ont acquis une âme pour avoir été les témoins de notre vie. Ils sont là pour nous appeler à la fidélité. »

« Un rayon de lumière qui s'attarde sur un ustensile en étain, raconte Jacob Böhme, mystique du XVIIe siècle, m'avait ému jusqu'aux larmes… »

J'ai lu cette chronique et j'ai alors compris pourquoi cet enfermement ne m'avait jamais pesé. Autour de moi prennent place les objets familiers auxquels je tiens. De chaque côté de la cheminée du salon, deux grands noirs portant flambeaux ; sur le mur, une dizaine de portraits anciens de belle facture, en majorité féminins ; deux lampes montées sur des sculptures de Clodion, un siège et un bonheur-du-jour Napoléon III. Je suis content de ces acquisitions et ne me lasse pas de les regarder, jour après jour.

Au cours d'une visite au musée d'Orsay, longtemps présidé par la fille d'un vieux compagnon de route, Jean des Cars, j'avais été scotché, dans le grand hall, par une statue en marbre d'Auguste Clésinger, *La Femme piquée par un serpent*. Plus tard, j'ai appris l'histoire de cette œuvre, présentée en 1847 au Salon parisien, qualifiée par Baudelaire de « chant furieux de la chair ».

Cette sculpture avait déchaîné passion et polémique. On cherchait le serpent discret, on trouvait une femme alanguie dans une position équivoque. Fort de son succès, Clésinger avait récidivé peu après avec sa bacchante couchée, exposée au Petit Palais, qui lui permit de recevoir un prix et, bientôt, la Légion d'honneur.

Lorsqu'un buste de femme, au beau visage langoureux, est venu à ma rencontre dans une salle des ventes, je n'ai pas hésité. Sculptée par Clésinger, elle trône sur la cheminée de marbre blanc de mon bureau, non loin de la toile d'un élève de Greuze, inspirée d'une fable de La Fontaine, « Le laboureur et ses enfants ». Deux œuvres que je contemple en travaillant.

J'ai fait une autre belle rencontre au marché Paul Bert, aux puces de Saint-Ouen : deux statuettes du sculpteur Clodion (1738-1814), surnommé « le sculpteur des grâces » montées en lampes (ce qui leur enlève de la valeur…). Elles éclairent une partie de mon salon. Je les ai acquises chez une vieille antiquaire, qui connaissait la biographie de Clodion dans le détail. À la vente depuis longtemps, elle se désespérait de trouver un acheteur. Pas eu besoin de beaucoup marchander. Elle m'a fait « un bon prix ».

Depuis toujours, je suis à la recherche d'une sculpture de Houdon. Pour des raisons personnelles. À vingt ans, j'ai bien connu cette rue qui monte vers le Sacré-Cœur. Car mes sculpteurs ont tous leur rue à Paris ou en province.

Une rue de Besançon porte le nom de Clésinger. Dans la capitale, la rue Clodion se trouve dans le 15e arrondissement, quartier Grenelle et ne fait que soixante-cinq mètres de long…

* * *

François-Xavier Lalanne n'a pas encore sa rue à Paris. Je possède un multiple de *La Carpe d'or*, qui a battu des records au cours de la vente Saint Laurent, du 21 au 25 février 2009, dans la nef du Grand Palais. Cette carpe, c'est un cadeau de mon ami très cher, Guy Landon, alors président d'Art Curial (qui éditait les Lalanne) et vice-président de L'Oréal. À cette époque, Jean-Gabriel Mitterrand, le neveu du Président, devenu un galeriste réputé, travaillait avec lui.

J'avais rencontré Guy Landon au début du *Figaro Magazine*. L'Oréal trouvait que l'on traitait mal ses produits dans *Madame Figaro*. Je pensais déjeuner en tête à tête, chez Laurent, pas loin du siège d'Art Curial, avenue Matignon. Ils ont traversé la rue pour arriver à quatre. Impression d'être devant un tribunal. J'ai donc dû passer à l'offensive. Devant ces personnages officiels d'aspect sévère, je l'ai joué naturel. J'emploie au quotidien de vieilles expressions argotiques qu'utilisaient mes copains, fils de gens modestes. J'ai choisi l'offensive polie et fleurie pour contester les accusations et faire des propositions que je savais pouvoir tenir. Vite, nous avons oublié nos différends pour poursuivre une conversation amicale.

Guy Landon est un homme qui transpire la culture et le savoir. Un érudit, un esthète impressionnant. Face à lui, j'étais un bateleur. J'avais un auditoire. Je ne faisais aucun effort pour contrôler mon langage. La conversation a duré, devenant très amicale. Ils avaient aussi compris que mes promesses seraient tenues.

En me quittant, Guy Landon m'a dit : « Jamais je n'avais eu une conversation de ce genre. Je crois n'avoir jamais déjeuné avec un responsable qui s'exprime de cette manière, « imagée » ». Il m'a serré la main longuement, ajoutant : « On se revoit très vite, Maurice et maintenant on se tutoie. »

Depuis ce jour, je tutoie Guy Landon. On déjeune toujours en tête-à-tête. Dans un petit bistrot, sous La Tour d'Argent, ou chez lui, dans sa salle à manger, veillés par de monumentales sculptures. Guy, je l'admire et je l'aime.

Chez moi, dans mon salon et même dans ma chambre, mes sculptures, mes tableaux me rappellent tous un souvenir. Je ne m'en lasse pas. Tout ce que je possède, je l'ai acheté avec mon salaire. Je n'ai jamais hérité.

Seulement d'une chaise ancienne, des outils de mon père, du piano sur lequel jouait ma plus jeune sœur.

Ces objets anciens, plus vieux que moi, rassurent. Je pense que des meubles contemporains, montables, démontables, sans âme, n'auraient pas le même effet apaisant. Les ondes de la sagesse ne peuvent être design.

Il faut vieillir comme si la vie ne devait jamais s'arrêter. Ne pas entrer chez un antiquaire, en pensant « Je ne vais pas beaucoup en profiter ». Assis dans le jardin d'hiver de mon appartement que j'occupe depuis très longtemps, je me suis dit subitement que je n'avais jamais pu ouvrir totalement la double porte-fenêtre à petits carreaux qui donne sur mon jardinet. Un pot monumental empêche d'en actionner le battant de droite. J'ai retroussé mes manches et me suis mis à réorganiser le lieu, profitant d'être seul. Une réussite. Mais j'avais ensuite besoin d'une colonne pour y poser une lampe.

C'est sûr, si on aime sa maison et les objets qui l'animent, ceux qu'on a acquis les uns après les autres, quelquefois au-delà de ses moyens, on ne peut se morfondre dans son « chez-soi ».

À Paris, on n'a pas forcément vue sur la tour Eiffel ou sur le bois de Boulogne. Alors, la vue sur son intérieur, installé, peaufiné, vaut bien celle d'un monument ou d'un bouquet d'arbres qui, d'ailleurs, deviennent chauves l'hiver… Acquérir un objet, même modeste, que l'on regarde avec bonheur peut donner l'impression de s'embarquer au long cours pour une croisière rassurante.

Les « objets inanimés » ont-ils une âme ? La réponse est oui.

« Avoir plaisir à l'œil »

Dans les années 1980, je me rendais au marché aux puces de Saint-Ouen tous les samedis et dimanches. Je sillonnais les allées à la recherche d'un meuble ou d'un objet. Peu après les débuts du *Figaro Magazine*, en 1978, mon épouse, Suzanne Haïtay a tenu, jusqu'à sa disparition, la rubrique Ventes/Antiquités du journal. Une rubrique au succès énorme. Tous les antiquaires se ruaient sur cette chronique. De grands professionnels, en particulier les commissaires-priseurs, maître Picard, alors associé avec maître Ader et maître Tajan, nous ont aidés à pénétrer dans ce milieu fermé, où les spécialistes fréquentent experts et directeurs de musées.

À Antibes, l'été, Suzanne retrouvait un antiquaire vedette, Jean Gismondi, dont la galerie, rue Royale, exposait des merveilles, que se disputaient les grands collectionneurs.

Natif de cette ville, Jean Gismondi était devenu adjoint à la culture et promoteur du grand salon d'Antiquités annuel de la ville. Jean le Magnifique, heureux dans sa ville, toujours souriant. Je pénétrais dans son stand, émerveillé par ses commodes, dont je ne demandais jamais le prix. Plaisir des yeux, seulement. Ces meubles attendaient les milliardaires venus de Monaco ou des émirats. Malgré des prix ahurissants, Jean avait ses acheteurs réguliers.

Les antiquaires sont des professionnels, souvent connaisseurs, qui adorent les objets, mais s'en séparent sans hésitation ni regrets.

Sur la côte d'Azur, Picasso a rendu célèbre le village de Vallauris, près de Cannes, où il a résidé et s'est lancé dans la poterie. L'autre célébrité de Vallauris, c'est la famille Massier, famille de potiers, concepteurs de la céramique décorative méditerranéenne. Pierre Massier (1707-1748) fut le premier « maître potier à terre ». Il y eut ensuite Jacques (1806-1871) et Jérôme (1820-1916), fabricant de poteries. Puis leurs fils, Delphin (1836-1907) et Clément (1844-1917), qui lancèrent la poterie artistique, précédant les arts décoratifs.

La céramique de Massier est aujourd'hui à la mode. Dans cette spécialité, la galerie Vauclair, antiquaires de la rue de Beaune, à Paris, est devenue championne. Personne ne les égale. Ils dénichent les plus belles pièces en circulation. Ils séduisent collectionneurs et amateurs par leur sourire, leur gentillesse et leur disponibilité. Pour trouver une œuvre de Massier, mieux vaut filer directement chez eux. Peut-être les plus chers du marché, mais les seuls à proposer des pièces introuvables ailleurs.

* * *

Je ne connais pas Nikos Aliagas personnellement. Je l'aperçois à la télévision, uniquement dans les séquences promotionnelles destinées à annoncer les émissions qu'il présente. Je le trouve bon professionnel. Je me dis qu'il a dû beaucoup travailler pour arriver à être animateur vedette et à se maintenir.

Je l'ai vu, en chair et en os, le matin des obsèques de mon vieux camarade, Étienne Mougeotte, rencontré à la grande époque d'Europe 1. C'est Nikos Aliagas qui a pris la parole pour TF1, dont Étienne a été longtemps le président. Pas un des grands responsables. Cela m'a étonné. Pourtant, Étienne a été l'un de ceux qui ont inventé la chaîne de Martin Bouygues… Mémoire courte… J'étais donc quelque peu surpris que ce soit un animateur qui évoque Étienne à l'église.

Au cours de son hommage, Nikos s'est essuyé plusieurs fois les yeux. Il pleurait, se souvenait. Étienne l'avait aidé, soutenu. Et Nikos Aliagas n'avait pas oublié. Désormais, à l'écran, je regarde Nikos autrement.

* * *

Il a fallu qu'un cancer emporte Suzanne, ma femme, pour que je devienne grand-père d'office, sans avoir eu d'enfant… Le 12 mars 2007, je me suis marié avec Catherine, plus merveilleuse de jour en jour. En cadeau de noces, deux enfants, Barbara et Julien, la quarantaine, que j'ai eu le privilège de ne pas avoir à élever… Et, dans la foulée, au cours des années, j'ai hérité de quatre petits-enfants, dont je profite uniquement pour les bons moments : Minne, Jérémie, Ingo et Ella. Je les aime beaucoup et je pense que c'est réciproque.

Je suis un grand-père par intérim, un grand-père par défaut, un grand-père de circonstance. Une situation inattendue. Franchement, je n'ai jamais eu envie d'avoir d'enfant et j'avoue que voir une femme enceinte ne m'a jamais emballé.

Ma mère a eu ma seconde sœur à quarante ans. Ça me dérangeait. J'éprouvais même un étrange sentiment. De la honte, un peu… Et je ne suis pas allé voir cette petite sœur à la clinique. Tout cela, je n'aime pas trop le raconter. Mais cette sorte de rejet m'a habité.

En 2007, Catherine, mon épouse, a emmené en vacances, dans notre appartement d'Antibes, sa petite fille, Minne. Elle avait deux ans et demi. Dès notre arrivée, nous sommes sortis tous les trois faire des courses. Dans la rue, Minne m'a pris la main. La sienne était toute petite. Elle m'a serré. Et j'ai compris qu'au milieu de la foule des passants, elle me demandait de la protéger. Une histoire d'amour commençait… J'adore Minne depuis cet instant. Je l'aime énormément. Et je crois qu'elle aime bien son faux grand-père. Pour mon dernier anniversaire, Minne, à quinze ans, m'a écrit un poème, une déclaration de tendresse. Son poème est encadré, installé à droite de mon bureau. Je le vois en levant les yeux.

J'ai de la chance. Minne est un modèle en tous genres. Enthousiaste, brillante, bosseuse. Première partout, sauf, ce qui la contrarie… en éducation physique. Une pure merveille. Et, en plus, belle, superbe. Et tellement attentionnée…

À travers elle, je n'ai pas eu de mal à aimer son frère, Jérémie, et leurs cousins, Ingo, le réfléchi, et sa petite sœur, Ella, espiègle et rêveuse. Une sacrée famille parachutée dans mon existence. De grands enfants fabriqués à l'extérieur. Aujourd'hui, je suis trop vieux pour en avoir et je n'en ai toujours pas envie.

* * *

« Avoir plaisir à l'œil »

Mon petit-fils, Jérémie, dix ans, parti pour la première fois à un stage de huit jours à la ferme, m'a à son retour fait une remarque troublante : « Ma famille m'a manqué. » Il m'a fait découvrir pour la première fois la notion de famille, la notion de clan. Sa mère, son père, sa sœur de seize ans lui manquaient. Mais sa phrase n'était pas restrictive. Dans ce terme « famille », il incluait ses grands-mères, ses grands-pères, tous ceux qui vivaient avec lui, ou pas loin. Il se sentait protégé par ces hommes et ces femmes qui l'entouraient. Ce mot « ma famille » m'a donné à réfléchir.

La famille, c'est le plus souvent une entité disparate. Les tantes et les cousins qui habitent loin. L'oncle, retiré à l'autre bout de la France ou dans un pays étranger. Pour moi, il y avait mes parents, mon frère, mes sœurs, rien de plus.

La famille, c'était ceux qui étaient venus pour ma première communion, pour un déjeuner, pas près de se reproduire. On les retrouverait aux enterrements et on ne les verrait plus.

La famille de Jérémie était plus vaste. Il avait ajouté à mon attention : « Toi aussi, tu m'as manqué, Maurice. » Par la voix du plus jeune, je me suis senti appartenir à un groupe. D'autant plus que je ne suis pas son vrai grand-père. Seulement le mari de sa grand-mère.

L'adoption, ça peut donc exister aussi à l'envers. C'est l'enfant qui adopte. À mon tour de me sentir protégé.

* * *

Je songe à ma mère. À l'époque, ni machine à laver, ni lave-vaisselle, mais des tickets de rationnement et pas grand-chose dans les assiettes.

Mon père partait tous les quinze jours dans le Loiret pour acheter des pommes de terre qu'il rapportait sur le porte-bagages de son vélo. Les gags de *La Traversée de Paris*, avec Bourvil, Gabin et de Funès sont une rigolade par rapport à la réalité.

Les gamins d'aujourd'hui ont bien de la chance. Je suis toujours étonné et parfois agacé de leurs exigences. Tant mieux pour eux, mais souvent les parents qui cèdent et capitulent ont tort. Pire encore, ces parents qui viennent houspiller l'instituteur parce que leur cancre de fils a obtenu une mauvaise note pour une dictée criblée de fautes…

Au règne de la tablette pour système éducatif, de nombreux parents se la coulent douce. Ils ont fait des enfants dont l'horizon est déjà bouché par leur bêtise. Des parents complices, il y en a beaucoup. La facilité n'est pas la base de l'éducation. La rigueur intelligente n'a jamais fait de mal.

J'ai appris à dire bonjour, à dire au revoir, à embrasser mes parents le matin, à leur souhaiter une bonne nuit, à me laver les mains avant et après les repas, à cirer mes chaussures et à avoir des ongles propres.

Je sais aujourd'hui combien mes parents se sont donné du mal pour nous inculquer ces principes fondamentaux de la vie en communauté. J'en connais qui vivent en continu, se croisent, s'interpellent, sans même se saluer ; leurs journées s'enchaînent comme un ruban médiocre, dont ils ne verront jamais le bout.

« Avoir plaisir à l'œil »

Une nouvelle famille s'est donc organisée autour de moi. J'ai la chance d'être accompagné dans la dernière ligne droite. Une haie d'honneur pour la fin d'un parcours où, je l'ai déjà dit, la liberté a guidé tous mes instants et où, comme dans une strophe de Paul Éluard, je n'ai jamais cessé d'écrire son nom.

Remerciements

À Lise Boëll, qui m'a chaleureusement accueilli chez Plon.

À Alexis Brézet, pour son rôle décisif dans la parution de ce livre.

À Laurent Boudin, directeur éditorial de Plon, qui a su organiser mes souvenirs, les a rendus lisibles et n'a pas cessé de m'aider.

À Stéphane Barsacq, qui a eu l'idée de ce livre et m'a poussé à me mettre au travail.

À Jean-Louis Tremblais, pour sa fidélité et son aide permanente.

Table des matières

MIXTE
Papier issu de sources responsables
FSC® C003309

L'éditeur de cet ouvrage s'engage
pour la préservation de l'environnement
et utilise du papier issu de forêts gérées
de manière responsable.

CET OUVRAGE
A ÉTÉ ACHEVÉ D'IMPRIMER
SUR ROTO-PAGE
VPAR L'IMPRIMERIE FLOCH
À MAYENNE EN DÉCEMBRE 2022

N°d'impression : 101533
N° d'édition : P31505/01
Imprimé en France